AF314964

NOUVEL ORGANISME

DE LA

SOUVERAINETÉ NATIONALE

EN FRANCE

OU

*Substitution légale du Groupe à l'Individu dans le
Parlement et dans l'Électorat politique.*

PAR

SÉVERIN DE LA CHAPELLE.

GUINGAMP

Imprimerie Typographique Pierre LE GOFFIC

—

1883.

NOUVEL ORGANISME

DE LA

SOUVERAINETÉ NATIONALE

EN FRANCE

OU

*Substitution légale du Groupe à l'Individu dans le Parlement
et dans l'Électorat politique.*

PAR

SÉVERIN DE LA CHAPELLE

GUINGAMP

Imprimerie Typographique Pierre LE GOFFIC

1883.

Première Partie

L'AVENIR PARLEMENTAIRE

L'AVENIR PARLEMENTAIRE EN FRANCE

§§ Iᵉʳ

La Révolution de 1789, en aboutissant à l'individualisme, a fait une application incomplète du principe de la Souveraineté Nationale.

La Révolution de 1789 s'est produite à son heure, par suite de la décrépitude et de l'aveuglement du régime politique et social sous lequel jusqu'alors la France avait vécu. Le pays souffrait des vices évidents de l'ancien régime, sans que les pouvoirs publics ou les classes alors dirigeantes pussent trouver les moyens d'y remédier. Mais la nation toute entière était arrivée à en avoir un sentiment assez vif et assez net, pour qu'une opinion publique invincible se fût formée pour les reconnaître d'une manière précise, et pour en imposer la réformation.

En vertu de la loi historique des contrastes qui est une des lois incontestables des évolutions progressives de l'humanité, le pays voulait, avec un instinct tout puissant, l'anéantissement des causes complexes des souffrances qu'il éprouvait. Malheureusement, le progrès, en vertu de la loi des contrastes, est trop souvent simplement négatif ; il détruit des abus, mais il ne détermine pas toujours des reconstructions.

Les vices de l'ancien régime étaient à la fois sociaux et politiques ; la Révolution a eu, et devait avoir, par suite un double caractère : elle a été sociale par l'abolition de la féodalité des corporations, des maîtrises, des jurandes, des biens de main-morte, des monopoles et des priviléges de toutes sortes. Comme telle, elle s'est résumée dans le principe nouveau de l'égalité de tous devant la loi, de l'accession égale de tous aux fonctions publiques, du droit égal de tous à la propriété, à l'industrie, au commerce, au travail. Le caractère général et dominant de la Révolution au point de vue social, a été, en un mot l'émancipation aussi complète que possible de l'individu, considéré, sous la loi, comme le seul fondement sur lequel la société nouvelle allait s'édifier. Aujourd'hui, les conséquences sociales de la Révolution de 1789, grâce aux initiatives individuelles qui depuis lors ont pu se produire librement, se sont développées d'une manière assez éclatante pour que les détracteurs les plus systématiques de cette grande époque, ne pensent plus à tenter de rétablir l'état de choses qu'elle a aboli.

Mais les conséquences des principes politiques que la Révolution Française a affirmés, et qu'elle a voulu appliquer, sont loin d'être acceptées avec la même résignation par les uns, et par les autres, avec la même confiance que le résultat poursuivi ait été vraiment atteint.

Politiquement, la Révolution a bien été aussi une application instinctive de la loi des contrastes ; car les vices évidents de l'ancien régime en politique étaient : l'omnipotence royale se traduisant par la maxime du bon plaisir ; la minorité perpétuelle de la nation sous un gouvernement de droit divin qu'elle subissait, sans l'avoir choisi : l'absence à peu près complète de représentation régulière de la nation ; le défaut absolu de contrôle qui rendait possibles et laissait impunis les abus les plus criants de l'autorité, à tous les degrés, et dans toutes les administrations.

Les principes politiques que la Révolution a fait prévaloir d'une manière indiscutable sont : l'autorité de la loi remplaçant toute volonté personnelle et arbitraire, le droit de la nation d'être constamment et régulièrement représentée par une ou plusieurs assemblées ; la nécessité d'un contrôle toujours éveillé contre les abus, quels qu'ils soient, du pouvoir. Ces principes sont bien en contraste avec les vices politiques de l'ancien régime, et la loi historique qui a logiquement amené le progrès social, se retrouve dans les affirmations politiques de la Révolution. Mais c'est surtout en politique qu'il est vrai de dire qu'il ne suffit pas de détruire un abus qu'on voit clairement et de proclamer un principe contraire pour réaliser un bien solide et durable. On ne détruit définitivement que ce qu'on sait remplacer d'une manière efficace, après en avoir extirpé les dernières racines. Au point de vue politique, il est permis d'affirmer que les abus que la Révolution a voulu détruire, et qu'elle a cru avoir abolis, sont toujours vivaces, et qu'elle n'a point atteint le but légitime que nos pères ont voulu, et auquel la France nouvelle ne peut cesser d'aspirer.

La Révolution avait en effet pour but l'abolition du despotisme et de tout pouvoir personnel. En quelques années après l'abolition du pouvoir d'une Royauté sans contre-poids et sans contrôle, elle a abouti au pouvoir tyrannique des comités anonymes de la Convention, au despotisme du premier Empire, aux gouvernements plus ou moins personnels de la Restauration, de 1830 et du deuxième Empire ; sous la deuxième comme sous la

troisième République, elle ne peut maintenir un peu d'ordre
que grâce à la prépondérance de quelques personnalités
absorbantes, dont l'action officielle ou occulte fausse tous
les ressorts d'un gouvernement régulier. La reproduction
constante des mêmes phénomènes dans l'histoire politique
de la France depuis 1789, a nécessairement une même
cause, et lorsqu'on veut bien aller au fond des événements
pour en chercher le sens caché et les causes secrètes,
il est facile de s'apercevoir que le principe de la Souveraineté Nationale, justement proclamé par nos pères,
n'a reçu qu'une application très-rudimentaire. L'abolition
en principe de tout pouvoir qui n'a pas sa source dans
la volonté nationale a eu, en effet, pour conséquence
logique de ne plus laisser subsister dans la conception
supérieure de l'Etat, et devant l'Etat impersonnel, armé
de la toute puissance de la loi, que des individus sans
cohésion les uns avec les autres, sans organisation
capable de les protéger contre les excès de la loi. Ce
sont ces individualités simples, réunies par le hasard de
la naissance sur l'étendue d'un territoire, considérées
comme ayant en principe des droits et des devoirs égaux,
dont la volonté directe ou indirecte a été l'origine de la
loi. La Souveraineté Nationale s'étant, d'après la définition
doctrinale de l'Assemblée constituante de 1789, incarnée
idéalement dans l'universalité des Français, le développement logique de la Révolution a consisté d'abord à écarter
la Royauté de droit divin, comme elle a, depuis, renversé
tout pouvoir prétendant à une supériorité de principe ou
d'origine, ou même de nécessité sociale sur la souveraineté
de la nation; puis à appeler à l'exercice infinitésimal du
pouvoir souverain, par l'extension du droit électoral, le
plus grand nombre d'individualités possibles, jusqu'à ce
que, avec le suffrage universel, tous les majeurs non
flétris par des condamnations judiciaires, soient devenus

citoyens, et, par conséquent, membres de la souveraineté collective du Pays.

Mais en appelant à la fonction politique l'universalité des Français, la Révolution ne s'est pas suffisamment préoccupée des conditions méthodiques qui doivent dominer l'organisation soit d'un corps législatif, soit d'un corps électoral. Avant elle, dans les Assemblées représentatives, on votait par ordres ; le vote du Tiers-Etat pouvait toujours être annihilé par le vote contraire des deux autres ordres privilégiés. C'était le mal présent dont on souffrait et qu'on voulait détruire. Le doublement des députés du Tiers-Etat, et le vote par tête, parurent alors à tous les théoriciens des idées nouvelles, le remède naturel, instinctivement indiqué pour rétablir l'équilibre, et répondre à l'idéal de justice et d'égalité qui était l'aspiration de tous. On crut avec ces deux idées très simples avoir réalisé un type d'assemblée politique capable de répondre à toutes les difficultés qu'on avait à surmonter. Et, quant au corps électoral nouveau qu'on appelait à la vie politique, les législateurs de 1789 le considérèrent comme suffisamment constitué par cela seul qu'on était descendu aussi profondément que possible dans les couches sociales pour faire entrer dans le corps électoral toutes les individualités simples qui devaient le composer. Ce corps, ou plutôt, pour employer une expression plus juste, cette foule novice, impressionnable et houleuse, comme toutes les foules, tantôt calme et paisible comme elles, mais aussi tantôt affolée et terrible, se trouva subitement en présence de tous les devoirs inconnus, de tous les labeurs et de toutes les difficultés de la fonction politique. Il n'y a point à s'étonner que son inexpérience lui ait fait s'égarer. Les dangers de cette application instinctive du principe de la Souveraineté Nationale ne devaient pas tarder à frapper tous les regards. Seulement, comme ces dangers étaient

signalés surtout par les adversaires de la Révolution,
comme les inconvénients des idées nouvelles étaient toujours moins grands que les abus de l'ancien régime, et
comme, d'ailleurs, l'esprit humain ne saisit pas facilement
les insuffisances des idées simples auxquelles le seul
instinct le pousse, il ne sembla point possible de faire
autrement. Les critiques isolées qui s'élevèrent contre
les applications du principe de la Souveraineté Nationale
furent dédaignées. Dès lors, l'individualisme avec la
puissance de plus en plus redoutable que lui donne sa
généralisation dans une nation grande et mobile, est resté,
au point de vue politique, comme au point de vue social,
l'effet et le but de la Révolution. Or, si au point de vue
social, l'individualisme a produit des progrès durables
que personne ne saurait désormais contester, il faut nettement affirmer qu'au point de vue politique, l'individualisme
est une base trop mobile pour que sur elle il soit possible
de rien fonder. Quelle que soit l'intelligence, l'instruction,
la science, l'expérience d'une foule purement individualiste,
cette foule sera toujours cette chose aveugle, insondable,
tourmentée et irrésistible que l'on compare si justement
à l'océan. Une pareille foule, aux époques de crise, se
précipitera toujours vers les sauveurs qui lui promettront
le salut. L'individualisme, à la base, enfante forcément le
pouvoir personnel au sommet. Une expérience de près
d'un siècle confirme pour la France ces déductions de la
logique, et cette conclusion nécessaire se reproduira d'autant
plus promptement dans les masses individualistes, qu'il y
aura de plus grands intérêts généraux à sauvegarder,
et que des individualités de plus haute portée, devront
surgir aux époques de crise, pour s'en faire les défen-
seurs ou les adversaires passionnés.

Mais chasser absolument l'individualisme de la constitution des pouvoirs humains, proscrire toute personnalité de

la politique, c'est en apparence quelque chose d'impossible ; car l'homme ne peut pas se séparer de lui-même, il ne peut renoncer à ses facultés, à ses aspirations, à ses ambitions, qui sont souvent d'autant plus ardentes, et, on peut le dire, plus légitimes, que des facultés supérieures désignent certaines individualités pour des situations plus élevées. Cependant cette impossibilité apparente est le but et l'effet de tous les grands mobiles qui font l'homme véritablement homme. C'est le but et l'effet de toutes les religions dont le fondement commun est l'abnégation et le sacrifice ; c'est le but et l'effet de la science qui élève l'homme au-dessus de tout égoïsme ; c'est l'idéal de toutes les sociétés en progrès : faire des pouvoirs publics assez bien agencés pour que la personnalité simple de l'homme ne puisse pas s'y montrer, voilà l'aspiration incontestable de la Révolution Française. Aussi peut-on affirmer que l'individualisme, ayant pour conséquence nécessaire l'établissement de pouvoirs personnels, est en contradiction avec le principe et avec le but de la Révolution. Si, dans la fièvre des événements du jour, et au milieu des illusions et des inexpériences de la première heure, la Révolution a pu considérer comme suffisante une application trop simple de ses principes, l'expérience peut aujourd'hui faire reconnaître que la simplicité des procédés d'application auxquels on s'est arrêté, a été la cause de l'insuffisance des résultats. Chercher à extirper des institutions politiques tout caractère d'individualisme, rendre impossible l'action de toute personnalité simple dans le jeu des pouvoirs publics, et chercher l'application vraie, sincère, du principe de la Souveraineté Nationale, c'est aborder un seul et même problème, et, pour le résoudre, il suffit, peut-être, de partir de l'idée de la complexité incontestable du principe de la souveraineté d'une nation sur elle-même, et de se rappeler qu'après avoir plus ou moins longtemps suivi des idées simples, l'esprit humain doit, en s'élevant à des idées et à des applications composées, trouver la satisfaction de son invincible besoin de progrès.

§§ II

Examen historique et critique de l'application instinctive du principe de la Souveraineté Nationale. — Vices du Régime Parlementaire simple. — Incertitude et confusion des Majorités Individualistes. — Exclusion des Minorités — Enervement et éparpillement des Majorités.

Deux séries d'organes sont nécessaires pour l'application du principe de la Souveraineté Nationale : l'organe ou les organes législatifs, l'organe ou les organes électoraux. Pour répondre aux conditions essentielles de tous les corps organisés, ces deux séries d'organes doivent être entre elles en union assez intime pour n'être, à proprement parler que les deux branches d'un corps unique et complexe, et pour avoir par elles-mêmes leur équilibre, leur centre de gravité général, en même temps que leur équilibre et leur centre de gravité spécial et particulier.

Les organes législatifs et électoraux de la France depuis 1789 ont-ils répondu à cette double condition ? L'examen rapide des divers régimes qui se sont succédés parmi nous répond à cette question. L'Assemblée Constituante de 1789 avait à son origine, et elle a conservé pendant ses travaux les plus importants, un double lien avec le pays : lien impersonnel et idéal par les cahiers généraux qu'elle avait le mandat d'appliquer ; lien personnel, par l'élection, dont les membres tiraient leurs pouvoirs. lorsque dans les derniers mois de l'assemblée, se posa la question de la durée de ses pouvoirs que beaucoup de cahiers fixaient à un an, l'Assemblée décida que les cahiers n'avaient rien d'obligatoire pour elle ; et à cette occasion, le principe des mandats impératifs, combattu par la puissante voix de Mirabeau, avec la simplicité et la fougue qui marquent toutes les décisions des époques de crise, fut condamné. Par sa résolution, l'assemblée nationale trancha elle même un des liens qui la rattachaient à la masse électorale ; elle s'affranchit du lien impersonnel que les Etats-Généraux avaient toujours respecté ; et elle ne conserva que le lien tout personnel résultant des choix individuels que le pays avait faits. Sans doute, le moment n'était pas favorable pour examiner dans ses éléments complexes la délicate question du mandat politique. Au milieu des inquiétudes de chaque jour, des défiances qu'inspirait la cour, de l'hostilité systématique de la noblesse, de la fièvre populaire excitée sans cesse par les réunions publiques et par les clubs, il fallait aller vite, et par des résolutions viriles, pourvoir jour par jour au plus pressé ; sur les ruines laissées par l'ancienne société, il fallait édifier, sans hésitation et à la hâte, les institutions qui devaient permettre à la nouvelle France de vivre. On devait, dès lors, par la pente même de l'esprit humain, s'arrêter aux solutions les plus simples, parce qu'elles paraissent en même temps les plus claires et les plus faciles d'application. Mais en proscrivant doctrinalement et d'une façon absolue les mandats des cahiers, pour y substituer la doctrine du mandat en blanc abandonné pendant la période législative à la simple interprétation du mandataire élu, la Constituante ne s'aperçut pas qu'elle se privait comme organe législatif, du seul moyen pratique jusqu'alors employé de connaître les vrais besoins du pays, et qu'elle allait inaugurer la période de la domination gouvernementale de la nation par les mandataires élus. Si le mandat impératif direct et simple est condamnable, comme froissant la dignité du mandataire, et comme se heurtant d'ailleurs à des impossibilités d'application que le bon sens réprouve, n'est-ce point aussi une doctrine dangereuse et redoutable, que celle de laisser le mandataire seul et souverain juge de ce qu'il doit à son mandant, et d'abandonner pendant toute une période législative le mandant à l'appréciation discrétionnaire d'un mandataire facile à abuser ? Entre le mandat impératif direct et simple, et le mandat en blanc simplement personnel qui a été depuis 1789 la règle des élections politiques, n'est-il pas possible de concevoir une organisation moins primitive du mandat politique, qui lui imprimerait son caractère complexe, moralement restreint, quoique relativement ouvert, à la fois simple et fort, clair sans être absolument défini ? Quoiqu'il en soit, cette solution doctrinale de l'omnipotence du mandataire fut très-nettement admise par l'Assemblée Nationale, la pratique des cahiers généraux fut abandonnée comme inutile, et il resta comme un axiôme politique indiscutable que le lien personnel créé par l'élection entre le corps électoral et les députés ses mandataires, était un lien suffisant pour faire l'unité entre l'Assemblée représentative et la nation. En même temps qu'elle tarissait par l'abolition des cahiers généraux la source jusqu'alors usitée des manifestations vraiment incontestables de la volonté et des besoins du pays, l'Assemblée Nationale devait porter une seconde atteinte, passagère, il est vrai, mais non moins regrettable, aux droits du corps électoral.

Dans un mouvement de désintéressement irréfléchi, qui fait honneur à l'honnêteté de ses membres, mais qui prouve aussi quelles étaient leurs illusions, l'Assemblée décréta qu'aucun de ses membres ne pourrait faire partie de l'Assemblée législative destinée à la remplacer. Ainsi, au moment où, lancée dans une crise sans précédent dans l'histoire, la France avait plus besoin que jamais du concours des intelligences fermes, et des expériences solides qui avaient pu se former en elle, l'Assemblée Nationale réduisait le corps électoral à l'obligation de borner ses choix à des hommes entièrement nouveaux, sans expérience et sans passé politique, théoriciens généreux et tribuns brillants peut-être, mais sujets, à cause de leur inexpérience même, aux plus redoutables illusions. Il est impossible de se rendre compte de l'influence qu'à eue, sur la marche de la Révolution, la double faute commise par l'Assemblée Nationale, en abandonnant la pratique ancienne et éprouvée des cahiers généraux, et en votant l'inéligibilité de ses membres. Le seul point que je veuille tirer de cette double faute, c'est qu'elle constituait une double atteinte au principe de la Souveraineté Nationale, et qu'elle a inauguré l'ère de l'omnipotence des Assemblées sur la nation. Depuis lors, le despotisme personnel d'un roi a été remplacé par le despotisme collectif et anonyme des majorités mobiles ; Ces majorités, à leur tour, devaient apprendre vite que toutes les majorités simples sont les instruments et les esclaves de comités, de coteries, ou d'individualités dominantes, qui se forment nécessairement dans leur sein. La prépondérance que Paris prit dès lors, sur la politique générale, par les clubs et par les journaux, ne trouva plus, à la suite des résolutions de l'Assemblée Nationale, aucun frein ni aucun contrepoids dans l'organisation politique du pays. Les clubs et les journaux de Paris substituèrent aux cahiers Généraux, qui se rédigeaient sur toute l'étendue du territoire, leurs adresses impératives et leurs objurgations comminatoires de tous les jours. Alors qu'il est incontestable que l'universalité des citoyens dans la Nation a un droit égal, dans la préparation des actes importants de la vie politique du pays, la France a vu depuis 1789, les événements les plus considérables de son histoire, les changements constitutionnels les plus graves, se produire, et devenir définitifs, par la seule initiative ou par la seule sujétion de Paris. Il a suffi de dominer Paris, par l'entraînement ou par la force, pour être maître de la France, et le pays n'a eu qu'à donner, soit par des élections, soit par des plébiscites trompeurs, des ratifications nécessaires à des faits accomplis. Sans entrer dans le détail de toutes les crises produites de 1790 au 18 brumaire, et dans lesquelles Paris a si souvent pesé sur l'Assemblée Législative et sur la Convention, il suffit de rappeler le 20 Juin et le 10 Août 1792. Le 18 brumaire et le 2 Décembre n'ont-ils pas été des coups de force ? La Restauration, le résultat de l'invasion et d'une intrigue dans un Sénat servile ? 1830, 1848, 1870 n'ont-ils pas été le produit d'émeutes victorieuses, dans Paris seul, contre le pouvoir légal du moment ? Où peut-on trouver, à toutes ces époques l'application régulière et méthodique du principe de la Souveraineté Nationale, et n'est-il pas évident, que, pour que ces faits aient pu se produire, et pour qu'à leur suite, pendant des périodes plus ou moins longues, une sorte de légalité nouvelle apparente ait pu se constituer, et recevoir, par l'effet de la lassitude et de l'impuissance, une fausse ratification du pays, il faut que le corps électoral de la France n'ait jamais été constitué de manière à exercer d'une façon normale son incontestable et primordiale souveraineté ?

Mais ce n'est pas seulement au point de vue des droits de la Nation et du corps électoral, c'est aussi au point de vue des pouvoirs législatifs eux-mêmes, que l'organisation du principe de la Souveraineté Nationale, par la constituante, et par toutes nos constitutions politiques depuis 1789, a été incomplète.

La conception du pouvoir législatif par la Constituante a consisté, en effet, à mettre en présence l'une de l'autre, deux individualités morales entièrement distinctes, ayant chacune sa vie propre, et destinées à se faire contre-poids : La Royauté, considérée comme simple magistrature héréditaire, et uniquement armée d'un veto suspensif, et l'Assemblée Nationale, organe unique du Souverain véritable, dont la Révolution avait affirmé l'existence et la suprématie. L'antagonisme entre deux pouvoirs de cette nature, différents par leurs origines et leurs attributions, sans lien nécessaire l'un avec l'autre, et par conséquent, sans unité constitutive, ne pouvait pas manquer d'éclater avec les plus redoutables conséquences; et comme, dans l'explosion du sentiment du droit national, si longtemps comprimé, il était évident que la force était dans l'Assemblée, l'écrasement de la Royauté était inévitable. Le 10 Août était une conséquence logique, et, pour ainsi dire, fatale du défaut d'unité constitutionnelle entre le Roi et les premières Assemblées.

Lorsqu'après la période de terreur, causée par le despotisme anonyme de la Convention, on s'aperçut de l'immense danger que présentait une Assemblée unique, vouée, et la Nation avec elle, sans aucun frein, aux votes de simple majorité, la Constitution de l'an III chercha à inaugurer le système de deux chambres, imité de la Constitution anglaise, et depuis lors, soit sous la Monarchie, soit sous la République, les doctrinaires du parlementarisme simple ont considéré l'existence de deux chambres, douées chacune de sa vie propre, et de son autonomie séparée, comme nécessaire, mais aussi comme suffisante pour qu'une nation, trouve dans son appareil législatif, toutes les garanties de maturité, qu'il est au pouvoir des hommes de rechercher.

Cette conception fondamentale du régime parlementaire

simple, présente au fonds le même vice constitutionnel
que la Constitution de 1790 ; l'équilibre d'un des corps,
facteurs de l'organe législatif, est cherché, non dans le
corps lui-même, mais dans l'action d'un ou deux autres
corps, facteurs du même organe législatif complexe. Après
de grandes crises, dans des moments de lassitude ou
d'indifférence politique, cette conception peut avoir une
certaine durée. Elle est suffisante, tant qu'il ne surgit pas
de questions délicates, ou que de graves intérêts publics,
provoquant de vives préoccupations nationales, ne sont pas
mis en jeu. Mais un peu plus tôt, un peu plus tard,
suivant les événements contingents, soit de la vie intérieure, soit de la vie extérieure des peuples, l'incohérence
entre les divers corps, constitués séparéme it les uns des
autres, doit amener ses effets logiques ; des froissements
doivent fatalement se produire, puis des luttes, et dans
ces luttes, les corps les moins ardents et les plus faibles
seront toujours légalement ou révolutionnairement anéantis.
Ces effets sont longs à se produire, dans un système de
monarchies constitutionnelles, comme la Restauration, ou
1830, ou dans un système de monarchies plébiscitaires
comme les deux empires ; et cela tient à deux causes :
la première que l'action prépondérante du pouvoir héréditaire, ne laisse aux corps électifs ou semi-électifs, qui repré-
sentent spécialement la Souveraineté Nationale, qu'une vie
très incomplète, qui les rend incapables de tout mouvement
énergique ; la seconde, que les effets de l'antagonisme
des pouvoirs se manifestent spécialement, aux époques
de crise, entre l'un des corps législatifs et le pouvoir
héréditaire, qui devient l'objectif de toutes les attaques
des partis hostiles, jusqu'à ce que le flot montant des
mécontentements suffise à le submerger.

Mais, dans les systèmes divers de républiques parlementaires, l'antagonisme des assemblées, n'étant masqué

par aucun organe intermédiaire, apparaît très vite, et avec lui, tous les troubles moraux, et tous les dangers intérieurs qu'il entraîne. La Constitution Française de 1875 fonctionnait depuis un an à peine, quand l'antagonisme du pouvoir Présidentiel et du Sénat contre la chambre des Députés a amené une première crise, dont le résultat définitif a été un changement de personne dans le pouvoir exécutif, et un premier affaiblissement moral du Sénat. Depuis lors, les divergences, qui se sont produites entre les deux Assemblées, sont allées s'accentuant, au point, que pour quelques-uns des membres les plus hardis et les plus implacablement logiques de la chambre des Députés, la question de la suppression légale du Sénat se pose, et qu'en tout cas, l'opinion de la majorité gouvernementale est déjà mûre, pour des modifications profondes, qui ne feront plus de l'assemblée modératrice du Sénat, qu'un pâle reflet de la chambre des Députés.

L'antagonisme des corps hétérogènes, qui constituent l'appareil législatif dans le régime parlementaire simple, n'est pas, du reste, le seul vice constitutionnel de ce système; il y en a deux autres, qui se sont manifestés, sous tous les régimes qu'a eus la France, avec une régularité méthodique, dont il est impossible de n'être pas frappé. Ce sont : l'écrasement nécessaire des minorités par les majorités victorieuses; et l'énervement ou l'éparpillement des majorités triomphantes, qui finissent par mourir, pour ainsi dire, d'anémie.

L'écrasement des minorités a été la règle de toutes les majorités et de tous les gouvernements appuyés sur des majorités simples ; sous la première République, cet écrasement est allé jusqu'au bannissement, et à la mort des opposants, suspects au pouvoir ; sous le premier comme sous le second Empire, toute opposition était étouffée, dans son germe, par la docilité absolue des

majorités, et par la vigilance jalouse du pouvoir. Sous
la Restauration, sous le gouvernement de 1830, les
oppositions libérales ont pu souvent embarrasser le gouvernement par de brillantes luttes de paroles, mais elles
n'ont jamais entamé les majorités confiantes, qui étaient
à la fois les points d'appui, et les bénéficiaires des faveurs
du Gouvernement ; sous la troisième République, la majorité républicaine, qui est incontestable, est arrivée à
avoir, dans les assemblées, une représentation numérique,
proportionnellement très supérieure, à son importance dans
le corps électoral; et dans ces assemblées, le système
de l'exclusion a été poussé jusqu'à ses dernières conséquences logiques, au point de faire oublier une règle
parlementaire, qui paraissait cependant consacrée par une
inébranlable tradition. Pendant longtemps, dans les assemblées politiques, il a été admis que la minorité devait
avoir une certaine représentation, proportionnelle à son
importance, dans les fonctions honorifiques du bureau, et
dans les grandes commissions financières. Les assemblées
actuelles de la France, cédant à la logique de la tendance
des majorités simples, ne laissent plus, dans leurs bureaux,
que des sièges insignifiants et secondaires à leurs adversaires,
et elles les excluent, même des commissions financières,
par lesquelles s'exerce, d'une manière efficace, le contrôle
du Parlement.

Quant à l'énervement et à l'éparpillement des majorités
triomphantes, lorsque l'habitude du succès, et la jouissance
incontestée du pouvoir, les ont délivrées de toute crainte
pour leur domination, c'est un fait, qui s'est renouvelé
d'une manière tellement éclatante, que l'on peut affirmer
comme loi historique, que toute majorité incontestable marche
à une chute prochaine, si elle n'a pas en elle assez de
flexibilité et de force, pour se modifier en s'agrandissant.

Sous le Directoire, alors qu'il n'y avait dans les chambres

aucune opposition de principe contre le gouvernement de
la République, alors que la force des majorités était telle,
qu'il n'y avait, ni dans le Conseil des Anciens, ni dans
celui des Cinq Cents, de minorité constituée à l'état
permanent, après quatre ans à peine de gouvernement
républicain parlementaire, la force de cohésion de la
majorité et du gouvernement était tellement atteinte, le
pays sentait si bien le défaut de lien, et la désorganisation
menaçante, que le coup d'Etat de brumaire était dans les
aspirations générales, et que le plébiscite qui l'a ratifié a
donné une majorité écrasante, à l'aliénation faite par le
pays, entre les mains d'un homme, de sa souveraineté.
Sous le premier Empire, qui paraissait appuyé sur la base
si large de deux plébiscites successifs, et qui avait le
prestige de tant de victoires et d'un incomparable génie,
n'était-on pas arrivé, indépendamment du mécontentement
causé par l'exagération des charges militaires, à un
sentiment de malaise, et d'absence de vie intérieure, tellement général, que l'appréhension d'une catastrophe était
dans les idées de tous? Il a fallu, sans doute, l'invasion .
étrangère, pour faire tomber le colosse impérial, comme
il avait fallu le coup de force de brumaire, pour jeter à
terre le gouvernement du Directoire. Mais ces évènements
extérieurs, pour ainsi dire, n'ont été que les occasions
contingentes de chutes, déjà préparées par l'état intime
de gouvernements mal constitués. La même appréhension
de la faiblesse réelle des majorités légales incontestables,
le même sentiment du vide et de l'insuffisance du point
d'appui, se font remarquer à la fin de la Restauration,
et à la fin du règne de Louis-Philippe. C'est parce qu'il
sentait la majorité Royaliste, bien que numériquement
intacte, manquer de force et de solidité sous sa main,
que Charles X a voulu, par ses ordonnances, trouver dans
ses prérogatives personnelles, le moyen de lutter contre

la puissance croissante de l'opposition libérale. De même
le roi Louis-Philippe et M. Guizot, malgré leur aveugle
et compacte majorité légale, de même le second Empire,
malgré le plébiscite triomphant de 1870, sentaient si
bien le terrain trembler sous eux, que, pour eux, comme
pour le Directoire, et le premier Empire, il est vrai de
dire, que l'émeute intérieure, et l'invasion prussienne n'ont
été que les instruments extérieurs d'une chute nécessaire,
dont ils avaient le vague pressentiment. - Depuis 1875, le
principe du gouvernement Républicain domine officiellement
en France, et malgré les efforts des partis monarchistes
coalisés, il s'appuie, à chaque élection nouvelle, sur des
majorités de plus en plus incontestables. En 1881, la
majorité triomphante des Députés républicains, qui est sortie
de l'élection du 21 Août, représente les 4 5 de l'Assemblée
nouvelle ; et cependant, dans cette majorité incontestable,
il y a si peu de cohésion, si peu de liens, si peu d'entente, qu'on s'est demandé, si la majorité gouvernementale
n'allait pas s'éparpiller, avant de naître, s'il serait possible
de constituer dans cette chambre, un ministère destiné à
une certaine durée. La personnalité d'un homme, dont
l'habileté a su, pendant quelques années, donner à la masse
confuse du parti républicain, une certaine discipline, a
permis la formation d'un ministère ayant, grâce à son
chef, une certaine homogénéité. Mais ce ministère a passé
avec une rapidité vertigineuse, et l'on se demande aujour-
d'hui, après cette dernière tentative d'un gouvernement
personnel, quel est l'avenir ?

Des événements qui se produisent de nos jours sous
nos yeux, comme de l'étude attentive de l'histoire du
passé, se tire donc toujours la même conclusion : celle de
la faiblesse réelle et de l'incohérence des majorités légales
simples, parvenues à leur apogée, et, (chose bien triste,
si elle était sans remède) de la nécessité pour remédier

à cette faiblesse, de recourir, sous tous les régimes politiques, à la prépondérance personnelle de certains hommes, qui réussissent, pendant un temps plus ou moins long, à empêcher l'effondrement fatal des gouvernements de simples majorités.

§§ III

Théorie d'une assemblée représentative complexe. — Vote par bureaux substitué au vote individuel ; rôle du bureau général équivalent à celui de la haute chambre dans le système parlementaire simple.

Si la cause principale de la faiblesse endémique des gouvernements de majorités simples, est dans l'individualisme, existant à la fois dans les assemblées et dans le corps électoral, la loi historique des contrastes indique l'ordre d'idées, dans lequel on peut trouver un remède à ce malheur et à ce danger. Il suffit de le chercher dans des combinaisons méthodiques, pures de tout individualisme simple, qui donnent au double organe législatif et électoral du principe de la Souveraineté Nationale, le caractère complexe et impersonnel qu'il doit avoir.

Les linéaments de la mise en pratique de l'idée des majorités composées, se substituant à des majorités simples, apparaissent déjà, d'une manière suffisamment claire, dans l'ordre législatif, pour qu'il soit possible, en groupant les faits instinctifs, qui se manifestent isolément, depuis un certain nombre d'années, de leur reconnaître un caractère général et nécessaire, et de formuler par suite la loi, en vertu de laquelle ils peuvent, et doivent être systématiquement ménagés dans l'avenir.

Depuis un certain nombre d'années, à côté des assemblées parlementaires officielles, il s'est formé, d'une manière permanente, des groupes extraparlementaires, qui ont été les véritables instruments préparatoires des décisions des assemblées. Ces groupes nomment un bureau, qui les représente dans leurs relations, en quelque sorte officielles, tant avec les autres groupes similaires, qu'avec le gouvernement lui-même ; ils se forment en vertu d'une loi, qui est étrangère au régime parlementaire simple, celle des affinités personnelles de leurs membres ; ils ont pour caractère d'être homogènes ; les personnalités simples des députés, qui les composent, se fondent librement, volontairement dans la personnalité supérieure, collective et composée du groupe ; et c'est désormais avec les groupes hiérarchiquement constitués, bien plus qu'avec les individualités simples des députés, que les pouvoirs publics ont à compter.

Sans doute, il reste encore dans les assemblées des individualités simples qui conservent leur isolement naturel, et qui, soit par le sentiment de leur valeur personnelle, soit par la crainte d'aliéner l'absolue liberté de leurs esprits, et de leurs consciences, préfèrent rester étrangères à toute affiliation de groupes. Mais ces individualités n'existent plus qu'à l'état d'exceptions ; l'impuissance législative qui les frappe, tend à prouver à tous, par une expérience irrésistible, que, dans les assemblées parlementaires, le groupement des membres à tendances identiques est la loi.

Les groupes extraparlementaires, en absorbant les individualités simples des députés, donnent, à chacun de leurs membres, une force infiniment supérieure à leur force individuelle ; car, en vertu du principe de la solidarité du groupe, chacun de ses membres a le prestige, et jusqu'à un certain point l'influence de la force collective organisée. Ce n'est pas seulement en France, c'est en Angleterre, en Allemagne, en Amérique, en Italie, que l'organisation des groupes extraparlementaires a pris son caractère méthodique et régulier, en sorte que la tendance du parlementarisme simple est de substituer désormais à l'individu, et, si je puis m'exprimer ainsi, au député simple, le groupe homogène de députés. Il est vrai que jusqu'à présent, par suite du mode, en quelque sorte instinctif, de la vie des groupes extraparlementaires, ce nouveau facteur de l'élaboration législative n'a eu qu'une action plus ou moins incohérente, et que, dans leurs manifestations actuelles, les groupes extraparlementaires prêtent à de nombreuses critiques parfaitement justifiées.

Leur action, en effet, en se plaçant à côté, et en avant de l'action préparatoire des bureaux officiels, fait des discussions, qui ont lieu dans ces bureaux, une sorte de double emploi ; lorsqu'on sait d'avance quelle a été la décision et l'entente de certains groupes, le travail officiel, secret ou public des assemblées, n'est trop souvent que la constatation, dans des représentations de parade, de résultats sur lesquels chacun est déjà fixé ; le travail préparatoire des groupes extraparlementaires, et le travail intérieur des bureaux des chambres, en exigeant la présence simultanée des députés, à des réunions, doubles en nombre, rend très difficile à tous les députés, leur participation effective, aux études préliminaires de toutes les questions, qui leur sont soumises; et laisse place à la direction irrégulière des groupes, par les personnalités les plus actives qui y sont entrées. Les groupes extraparlementaires obéissent d'ailleurs, à la tendance de tous les corps constitués, de s'étendre, de grandir et de se développer sans cesse. Par suite, chaque groupe a dû chercher à s'affilier le plus de membres possible ; et, pour avoir voulu être trop nombreux, afin

d'être forts, ' s groupes gouvernementaux n'ont pas laissé
aux nuances diverses qui les composent, la possibilité de
se produire, et de se constituer régulièrement. Dès lors,
l'esprit de discipline et de solidarité, qui unit les membres
de chaque groupe, les obligeant à accepter les solutions
admises en nom collectif, lors même qu'ils n'y ont point
participé, ou qu'elles répugnent à des sentiments personnels
respectables, il arrive sans cesse que les droits de la
conscience individuelle sont froissés.

Telles sont les critiques principales, auxquelles l'institution des groupes extraparlementaires a donné naissance,
et il est juste de reconnaitre qu'elles sont fondées. Néanmoins, le système des groupes homogènes, a de si
incontestables avantages, sur les anciennes pratiques parlementaires individualistes, qu'il n'y a plus à douter, que
ces groupes ne constituent un élément nouveau, dont
l'action sera, ou une cause de ruine du parlementarisme,
ou le germe de sa rénovation.

C'est la rénovation qui doit en sortir.

Les bureaux des assemblées parlementaires se sont
toujours constitués en elles, au hasard du tirage au sort,
en sorte que ces bureaux, image de l'assemblée elle-même,
ne forment qu'une agglomération arithmétique confuse, sans
aucune vitalité effective, aucune consistance, aucune cohésion. Ces bureaux n'apportent, et ne peuvent apporter,
aucun esprit de suite, dans l'élaboration législative dont
ils ont la charge ; car, lors même que chacun d'eux
renfermerait les éléments d'une majorité compacte, cette
majorité simple est toujours à la merci de tous les acci
dents de la vie individuelle ; une maladie, une absence,
une distraction de quelques-uns de ses membres, en
amènent la modification et le déplacement. Ce qui se
produit dans les bureaux, se reproduit du reste dans
l'assemblée elle-même, où la formation de la majorité

varie suivant les mêmes causes, et où l'on a vu les résolutions les plus graves pour la vie des peuples, et, particulièrement en France, le vote même d'une Constitution décidé à une seule voix de majorité.

Pour arriver à constituer, dans une assemblée représentative, le premier et indispensable élément d'une majorité solide, et toujours inattaquable, il suffit d'abandonner, pour la formation des bureaux officiels, le principe aveugle du hasard, et, empruntant aux groupes extraparlementaires, le principe fécond de l'homogénéité, et de la solidarité de leurs membres, de constituer les bureaux officiels sur ce double principe, qui concilie la liberté de chacun, par le choix que chaque député fait de son groupe, et, l'ordre général par l'existence d'un cadre légal impossible à briser, et de reconnaître que, dans les assemblées politiques, l'unité constitutive n'est pas le député, mais le bureau, ou groupe homogène, régulièrement et hiérarchiquement constitué, par l'initiative même des députés. Les groupes extraparlementaires actuels, assez importants pour former dans l'assemblée deux ou trois bureaux officiels homogènes, ne perdraient rien de leur importance, dans la direction générale de l'assemblée ; loin de là, leur action, par l'entente toujours facile de leurs représentants officiels, serait régularisée ; et, quant aux groupes, qui n'auraient pas à eux seuls, une importance suffisante pour former un bureau complet, il leur serait toujours possible de conserver une importance relative, en s'aggrégeant d'autres sous groupes, ou des individualités, ayant à peu près le même caractère et les mêmes tendances qu'eux. Aujourd'hui, sous le régime des groupes extraparlementaires instinctifs, c'est à peine si cinq ou six grandes réunions se forment, dans lesquelles viennent se classer et se fondre toutes les opinions. Les groupes trop nombreux ne sauraient échapper à une certaine confusion, à cause des disparates qu'ils comportent. Les nuances, dans un pareil régime, sont nécessairement sacrifiées.

Au contraire, le chiffre des bureaux officiels est toujours assez grand, pour que, non-seulement les couleurs bien marquées, mais même les nuances suffisamment déterminées, puissent se rapprocher, s'organiser et recevoir, dans la vie propre d'un bureau, leur complète satisfaction.

La conséquence logique de la constitution des bureaux homogènes, et de l'admission du principe, que, dans les assemblées représentatives, l'unité organique n'est pas le député, mais le bureau, serait l'abandon absolu du vote par tête, vote individualiste et simple, pour le vote par bureaux, vote vraiment politique, collectif et composé. Dès lors, les propositions, les interpellations, les résolutions des chambres ne seraient plus le résultat de décisions individualistes simples, elle seraient le produit du travail collectif d'unités supérieures ou composées. Les bureaux homogènes constituent bien des unités de même nature, parfaitement égales entre elles, soit par le nombre, soit par la qualité de leurs membres, car, ils doivent être tous une égale fraction de l'assemblée entière, et les personnalités éminentes, que produit toujours chaque nuance importante, se font nécessairement contrepoids les unes aux autres à la tête des bureaux, où leur choix doit les appeler. L'égalité des votes collectifs des bureaux est une combinaison logique, infiniment plus rationnnelle et plus satisfaisante, que l'égalité absolue des votes individuels des députés. N'est-il pas évident que le principe de l'égalité de tous les députés devant l'urne, est une fiction parlementaire, en contradiction avec la réalité des faits ? L'opinion d'un grand orateur aura toujours, dans une assemblée, une valeur bien supérieure, à celle de ces utilités législatives, qui composent le plus grand nombre, et dont le rôle, pour beaucoup au moins, consiste à voter par discipline à la suite d'un chef accepté. L'introduction de la personnalité composée des bureaux homogènes, substituée, dans le travail préparatoire des assemblées législatives, à la personnalité simple des députés, présente l'avantage de rendre impossibles toutes les surprises, qui résultent aujourd'hui des accidents purement individuels, et elle couperait court aux mille agitations, aux anxiétés, aux défiances, aux angoisses, qui accompagnent actuellement la plupart des débats des parlements. Car des bureaux homogènes auraient un esprit de suite, que de simples individualités ne peuvent avoir ; accessibles aux seules considérations générales, ils se tiendraient toujours au-dessus des mesquines préoccupations de personnes et de clocher ; en eux, par suite de la confiance réciproque que donnerait à leurs membres l'unité de tendances générales, les discussions, plus intimes et plus sûres, rendraient plus faciles des solutions acceptées par la conscience de tous, et leurs votes, quand ils se produiraient en séance publique, auraient incontestablement un caractère de maturité, de gravité et de force, que de simples votes individualistes ne peuvent avoir. N'est-il pas évident en outre, que les séances publiques des assemblées, dégagées de toutes les exubérances inconsidérées des personnalités simples, n'admettant que les manifestations collectives, par la bouche d'orateurs, qui parleraient, non pas en leur nom personnel, mais au nom de leurs bureaux, auraient un caractère de gravité, d'élévation et de dignité souveraine, qui manque trop souvent aux manifestations publiques de la vie des parlements ? Élever tout d'abord les députés au-dessus de l'individualisme, faire dominer, dans les votes législatifs préparatoires, les considérations d'ordre général à la place des considérations privées, donner à l'expression première des votes une maturité incontestable, tel serait le premier avantage du vote par bureau.

Le second serait de rendre toute contestation impossible, sur l'autorité d'un vote résultant de la majorité des bureaux. La pratique des assemblées parlementaires, qui se divisent toujours en un nombre de bureaux impairs, donnerait en effet, dans tous les cas, forcément naissance à une majorité bien accusée, six bureaux contre cinq, huit contre sept, suivant le nombre adopté pour la formation des bureaux.

Mais l'admission du principe du vote par bureaux doit conduire à une conséquence nouvelle, qui sert de critérium pour démontrer la supériorité de ce mode de votation, sur le mode individualiste, et qui lui imprime son caractère spécial de votation en mode composé.

Ce n'est pas seulement en effet par la constitution des bureaux homogènes, et dans le seul principe de la substitution du vote collectif des bureaux primaires, au vote individualiste des députés, qu'une assemblée représentative offre toutes les garanties, qu'elle peut comporter pour l'élaboration des lois ; c'est surtout par la constitution et par le vote spécial de son bureau général.

Avec le parlementarisme simple, les personnalités éminentes qui composent le bureau général, à part leurs fonctions d'administration intérieure, et la police de l'assemblée, dans laquelle s'absorbe le Président, n'ont à jouer, lors du vote, aucun rôle particulier. Les qualités supérieures qui distinguent leurs membres, restent au point de vue de la préparation des lois, sans influence, sans emploi, noyées qu'elles sont, au milieu de la masse confuse des députés, bien mieux, par suite d'une tradition du parlementarisme simple, à laquelle le Président se soumet, sous prétexte de la haute impartialité qui doit l'animer, il s'abstient toujours au moment du vote des lois.

Au lieu de réduire ainsi le bureau général à un rôle

sans portée, au lieu d'infliger au Président un rôle d'efface-
ment volontaire, qui est la désertion de son mandat comme
député, il serait logique, dans le système du vote par bureaux,
que le bureau général jouât un role effectif, qu'il eut une
personnalité collective, symétrique de celle des bureaux
primaires, et devint, dans la préparation des résolutions
parlementaires, un facteur nouveau, d'une importance et
d'une autorité, égale en principe, et, en cas de besoin,
supérieure à celle de chacun des autres bureaux.

Un rôle particulier attribué au bureau général, dans la
préparation des résolutions législatives, donnerait aux
décisions parlementaires, un caractère de maturité, qu'il suffit
d'indiquer, pour qu'il frappe les esprits les moins préparés.
En effet, après qu'une première délibération publique,
à laquelle le bureau général ne devrait point prendre
de part active, aurait fait connaitre, par une prise en
considération, l'opinion des bureaux primaires, le rôle du
bureau général commence. Il doit consister à reprendre,
dans une délibération privative et secrète, l'examen de la
résolution affirmative des bureaux simples, pour en proposer
à nouveau, en séance publique, la confirmation, si elle
est bonne, pour la combattre, si elle est dangereuse, en
tout cas, pour l'amender, si elle est susceptible de perfec-
tionnements. Ce travail, fait après les entrainements, quelquefois dangereux, de la première heure, résumé dans un
rapport verbal ou écrit, qui contiendrait, avec la haute
autorité du bureau, les motifs d'acceptation, de rejet ou
d'amendement de la loi, ne donnerait-il pas à la loi, qui
sortirait ensuite, d'une manière définitive, d'une deuxième
discussion publique, un caractère d'absolue maturité, et
en rendrait-il pas impossibles ces votes d'impression, qu'une
parole éloquente détermine, et qu'on regrette si souvent
d'avoir émis ? Le bureau général exercerait en réalité, de
cette manière, sur l'assemblée, le rôle de frein et de

contrepoids, que le système parlementaire simple cherche
dans les assemblées doubles, et qu'il n'obtient, d'une manière
incomplète, qu'au prix de répétitions oiseuses, de grande
perte de temps, et d'appréhensions continuelles de conflits.
Entre une assemblée et le bureau général, qui doit en
être la reproduction réduite et l'image fidèle, il ne peut
y avoir, comme entre deux assemblées distinctes, ni
rivalité, ni conflit à craindre ; il n'y a pas non plus de
prépondérance abusive, ni de despotisme possible, puisque
les bureaux primaires peuvent toujours faire la majorité
par leurs propres votes, et puisque d'ailleurs le bureau
général reste toujours, par l'élection à terme plus ou moins
rapproché, sous la dépendance de l'assemblée, dans
laquelle il n'a de prépondérance effective, qu'en cas de
partage entre les bureaux. Le principe d'organisation
intérieure des assemblées représentatives est l'adoption
du chiffre impair, pour la division en bureaux ; neuf,
onze, quinze bureaux, suivant le nombre total des membres
à répartir, tels sont les chiffres consacrés par la pratique
des Assemblées Françaises. Le principe des nombres
impairs reçoit, dans le système du vote par bureaux, avec
addition du vote du bureau général, une application particulièrement satisfaisante pour l'esprit. Les bureaux
primaires peuvent, à raison des affinités personnelles et
politiques de leurs membres, se diviser en nombre pair ;
l'imparité nécessaire résulte ensuite de la nomination du
bureau général. Alors, si après une double discussion
publique, les bureaux primaires se partagent en deux
grands groupes égaux, qui se balancent, le bureau général,
par le vote qu'il émet, avec toute l'autorité des intelligences
supérieures qui le composent, fait pencher la balance de
manière à ne laisser place, à aucune incertitude sur le
nombre et sur la valeur des votes émis. Si, au contraire,
une majorité formée en première délibération par les

bureaux primaires se maintient dans la seconde délibération publique, cette majorité, même contraire à l'avis du bureau général, reste toujours suffisante pour assurer d'une manière indiscutable la valeur légale et morale des décisions de l'assemblée.

L'importance relative qu'il est logique, dans le système du vote par bureaux, de reconnaître au bureau général, donne satisfaction à un principe de statique, que les assemblées parlementaires simples méconnaissent forcément : ce principe, c'est qu'un corps n'a d'équilibre stable, que lorsqu'il a en lui-même son centre de gravité et son contrepoids. Les assemblées parlementaires simples, étrangères l'une à l'autre, à raison soit de leurs origines, soit de leur vitalité distincte, se font bien équilibre, mais elles ne peuvent, en cas de désaccord persistant, que s'immobiliser l'une l'autre, ou triompher l'une de l'autre, au risque de compromettre le prestige de celle qui est contrainte à céder toujours. Avec le système du bureau général votant à part, lors du vote définitif, le centre de gravité et le contrepoids se trouvent dans chaque assemblée même, par l'action réciproque de l'assemblée sur son bureau et du bureau sur l'assemblée ; il n'y a là, ni immobilité ni entraînement possible ; l'avis qui l'emporte répond simplement à des conditions de méthode, que l'expérience a prouvées nécessaires, pour que l'autorité des résolutions législatives soit incontestée.

Pour que le rôle spécial et quelquefois prépondérant donné au bureau général dans l'organisation d'une assemblée parlementaire composée, ne soulève pas d'objection absolue de principe, il faut qu'il soit bien établi que le bureau général sera toujours la reproduction exacte, et comme la miniature de l'assemblée, et qu'il n'y aura jamais à craindre que la minorité puisse en être exclue. Cette garantie, impossible à demander à la constitution d'une assemblée parlementaire simple, devient facile à obtenir dans une assemblée complexe, au moyen des combinaisons dualistes et contrastantes qui doivent présider à l'élection du bureau ; ces combinaisons sont les suivantes : 1° l'adoption, conformément à la règle instinctive des assemblées parlementaires simples du principe de la majorité absolue pour la nomination du Président, qui, devant résumer en sa personne, l'idée supérieure de l'unité et de l'indivisibilité de l'assemblée, doit tenir ses pouvoirs de l'unanimité morale, ou au moins, du moyen humain, qui en approche le plus, la majorité absolue ; 2° L'adoption, par contraste, pour l'élection des autres fonctions multiples, Vice-Présidents et Secrétaires, du principe de la majorité relative, avec un seul tour de scrutin. Comme ces fonctions contrastent avec la Présidence, non-seulement par leur nombre, mais surtout par le besoin auquel elles répondent de la représentation des divergences, qui existent nécessairement dans toute assemblée politique, le principe de la majorité relative devra, pour la garantie de cette représentation des divergences, se compléter dans son action par deux règles essentielles : la première, que le nombre des fonctions plurinominales, sera toujours une réduction exactement proportionnelle du nombre des bureaux ; la seconde, que le vote de chaque bureau n'aura qu'une valeur égale au chiffre résultant de la proportion entre le nombre des bureaux simples et celui des sièges du bureau général à remplir. Ainsi, dans une assemblée de seize bureaux, le nombre des Vice-Présidents sera de quatre, il sera de trois, dans une assemblée de douze bureaux, soit dans les deux cas, le quart du nombre des bureaux. De même, dans l'une et l'autre de ces hypothèses, le nombre des Secrétaires sera de huit ou de six, c'est-à-dire la moitié du nombre des bureaux. Il résultera de cette proportion mathématique, que, pour la constitution du bureau général, le vote de chaque bureau simple, ne portant qu'un seul nom, vaudra le quart ou la moitié des voix nécessaires pour un siège de Vice-Président ou de Secrétaire ; il en résultera également, que les bureaux seront astreints à s'entendre quatre par quatre, pour s'assurer un siège de Vice-Président, deux par deux pour s'assurer un siège de Secrétaire, et qu'une majorité de douze bureaux ne pouvant s'attribuer que trois quarts ou six huitièmes des sièges à pouvoir, sera impuissante à empêcher quatre bureaux de minorité d'occuper deux sièges de Secrétaire, et un siège de Vice-Président.

Ce résultat n'a besoin d'aucune démonstration dans l'hypothèse du vote uninominal par bureau; il ressort de l'emploi de la formule mathématique suivante, dont l'évidence est éclatante : $16 : 4 :: 1 : 1/4$ valeur d'un vote de bureau ; $16 : 4 :: 1 : 1.4$ les votes de quatre bureaux unis, donnent un siège. $16 : 8 :: 1. : 1/2$ valeur d'un vote de bureau. $16 : 8 :: 1 : 1/2.$ les votes de deux bureaux donnent un siège.

Mais il peut être utile de démontrer qu'on l'obtiendrait aussi bien avec le scrutin plurinominal, qu'avec le vote sur un seul nom, pourvu toutefois que la proportionnalité résultant de la formule ci-dessus soit scrupuleusement observée.

Le vote de chaque bureau, dans le système du scrutin plurinominal, ne devra porter, pour les Vice-Présidents, qu'un quart des sièges à remplir, soit un nom, et pour les Secrétaires, que moitié des sièges soit quatre noms, dans l'hypothèse d'une assemblée de seize bureaux. Dès lors, pour que douze bureaux de majorité (et il se trouvera rarement une majorité aussi forte) soient sûrs de trois sièges, il faudra qu'ils forment entre eux trois groupes dont chacun sera précisément égal au groupe unique des quatre bureaux de minorité. Pour l'élection des Secrétaires, si la majorité de douze bureaux voulait accaparer les huit sièges, elle se diviserait en deux grands groupes de six bureaux, dont chacun porterait quatre noms différents sur son bulletin, et les huit noms choisis par elle auraient chacun six voix. Mais les quatre bureaux de minorité à leur tour pourraient porter sur deux noms les quatre voix dont chacun d'eux dispose, et donner à chacun de ces noms huit voix. Il arriverait donc, que les deux candidats de la minorité, assez sage pour s'entendre, et pour porter toutes ses voix sur le résultat proportionnel, auquel elle aurait droit, acquérerait les deux premiers sièges de Secrétaires, et que sur les huit candidats de la majorité, deux, (les deux plus jeunes d'âge) devraient être écartés, puisque les six plus âgés, venant avec leurs six voix, après les deux élus de la minorité, suffiraient pour compléter le bureau.

La démonstration sera encore plus convaincante, si l'on suppose, pour l'élection des Secrétaires une majorité de quatorze bureaux. Ces bureaux, par suite de l'obligation de ne porter que quatre noms sur leurs bulletins de vote, se divisent forcément en deux grands groupes de sept bureaux chacun, et ils donnent à chacun de leurs huit candidats, sept voix. Mais les deux bureaux de minorité sont maîtres d'en donner huit au candidat de leurs préférences, et par conséquent, ce serait encore le candidat de la minorité qui occuperait le premier siège, le plus jeune des élus de la majorité serait encore écarté.

Un bureau général ainsi constitué, dans lequel l'assemblée verra, comme à travers une glace épurée, son image idéalisée parfaitement reproduite, sera nécessairement pour elle un lien puissant, qui maintiendra en elle la cohésion indispensable à sa vitalité.

Le Président, par ses communications constantes et personnelles avec les personnalités, éminentes comme lui, qui forment le bureau général, sera le lien qui assurera l'unité et l'harmonie nécessaire de ce bureau ; et le bureau général, à son tour, sera le centre et le lien commun des bureaux simples, qui tous y auront leur attache symétrique particulière et l'organe de leurs choix.

Est-il téméraire d'espérer que de l'action réciproque et combinée de l'assemblée sur son bureau général, et du bureau général sur l'assemblée, il devra se dégager, d'une manière normale, comme couronnement de discussions graves et sereines, ce courant magnétique, sans commencement ni fin, source mystérieuse de toute lumière dans les corps moraux, comme la circulation est la source de la vie dans les corps matériels, dont la production peut seule remplacer les obscurités de l'épreuve et les déchirements du doute, par l'éblouissement de la certitude morale, et par l'ineffable union des esprits et des cœurs dans la joie pure et souveraine de la vérité découverte et proclamée ?

La constitution d'une assemblée complexe, double et une, comme celle dont les linéaments essentiels ressortent de l'étude approfondie des faits contemporains, permettrait d'aborder sans crainte la question brûlante de révision constitutionnelle, qui s'est déja posée, et qui s'imposera encore, dans un avenir plus ou moins prochain, aux préoccupations des partis politiques et du pays.

La Révision de l'institution du Sénat, est maintenant un des articles du programme de gouvernement du parti républicain, l'opinion publique paraît mure, sur la nécessité en principe de la révision. Les fractions les plus avancées du parti républicain poussent la révision jusqu'à la suppression totale de la haute Assemblée ; les fractions les moins ardentes et les plus animées de l'esprit gouvernemental n'admettent qu'une révision partielle, comportant soit la suppression des sénateurs inamovibles, soit leur choix par un nouveau mode d'élection, et la définition nette des attributions financières du Sénat.

Lorsque sur cette question délicate s'ouvrira le débat public qui devra fixer le sens de la révision, bien des anxiétés vont se produire, bien des surprises sont possibles, et quelle que soit la rigueur des limites d'après lesquelles les réformes constitutionnelles sont réalisables, nul ne sait, le principe de la révision étant admis, jusqu'où l'on pourra être entraîné.

Si au moment où ce résultat, si redoutable pour les doctrinaires du parlementarisme simple peut se produire, il paraissait possible de constituer les assemblées délibérantes, de manière à trouver dans l'action propre du bureau général le contrepoids solide que l'institution de deux chambres distinctes ne donnera pas toujours, la question de la révision Sénatoriale pourrait être abordée, sans exciter les préoccupations vitales qu'elle entrainera. Si l'institution d'une chambre haute peut être avantageusement remplacée par la constitution dualiste d'une assemblée unique, l'existence de deux assemblées différentes ne serait plus qu'une inutile complication de ressorts mal agencés.

Il est juste de reconnaitre au surplus que l'expérience historique de la France, et les traditions les plus respectables des partis monarchique et républicain militent pour l'institution d'une seule assemblée.

Avant 1789, toutes les fois que le despotisme ombrageux des rois, a permis ou plutôt a subi la réunion des Etats Généraux, cet organe embryonnaire de la Souveraineté Nationale formait bien une assemblée unique, dans laquelle le sentiment de l'unité de la France dominait tous les intérêts divergents, et toutes les distinctions factices qui régnaient alors dans le pays.

Depuis 1789, à toutes les grandes crises de son histoire, la France a eu instinctivement recours, pour se sauver des plus épouvantables catastrophes, au système d'une seule assemblée ; et malgré les difficultés en apparence insurmontables qu'elles avaient à vaincre, toutes nos assemblées uniques ont su puiser dans leur patriotisme, dans leur honnêteté, et dans le sentiment viril de leur responsabilité, les moyens efficaces de sauver le pays : Assemblée Nationale de 1789, qui a proclamé la Souveraineté de la Nation sur elle-même, et anéanti la Féodalité ; Assemblée Législative et Convention, qui ont triomphé de l'invasion étrangère et de la guerre civile ; Assemblée de 1848, qui a étouffé la guerre sociale ; Assemblée de 1871, qui, après avoir arraché le pays à l'étreinte des envahisseurs, l'a sauvé du déchirement intérieur le plus redoutable, et a reconstitué, avec son unité, son armée et ses finances, telles ont été les œuvres des assemblées uniques, et le sentiment qui a toujours poussé la France vers elles, avec toute la puissance de la tradition nationale, a évidemment la force et la sûreté d'un infaillible instinct.

La Constitution hybride de 1875, qui a ramené la France au régime des deux chambres, a, en même temps, par une contradiction très significative, été forcée de reconnaitre et de consacrer la supériorité du système de la chambre unique, sur celui de ses préférences instinctives, en fondant le Sénat et la Chambre des députés dans l'institution souveraine du Congrès.

Le système des assemblées doubles est une importation étrangère, dont on comprend la raison d'être, pour les nations qui y ont eu les premières recours, mais qui, en France, n'a jamais pu s'acclimater. L'Angleterre, qui a son aristocratie, formant encore une caste distincte et privilégiée, peut et doit même avoir logiquement sa chambre des Lords, tandis que le reste de la nation a dans la chambre des Communes sa représentation séparée. Les racines des deux chambres plongent bien dans le corps de la nation dont, elles sont l'image réduite ; cela est dans l'ordre Anglais. Dans la confédération germanique, avec ses petits états souverains, sous l'hégémonie de la Prusse, aux États-Unis d'Amérique, en Suisse, où, au-dessus de l'agglomération des individus, il y a les États, organisés comme unités primordiales et constitutives de la Confédération, il est également logique, que, de même que les citoyens simples ont, dans les chambres basses, leur organe naturel, les unités légalement reconnues comme bases de l'unité supérieure fédérale, aient l'organe représentatif de leur autonomie. Les mécanismes législatifs doubles et séparés correspondent ainsi à une constitution intime, sociale et politique, double chez toutes les nations d'origine germanique, et il y a corrélation parfaite entre le régime de deux assemblées distinctes et le génie de ces nations.

Mais en France, où par suite des progrès de l'unité nationale, toutes les anciennes organisations d'États, de provinces, de castes distinctes ont disparu pour ne plus revenir, où il ne reste plus debout devant l'État que des individualités simples, où les organisations départementales, communales, judiciaires, militaires, nécessaires à la vie collective d'une nation, ne sont plus que des divisions administratives, émanant de l'État lui-même, où peut-on trouver dans la nation la base et le germe d'une double assemblée ? La France a accepté le régime des deux chambres dans des moments de lassitude et d'épuisement, aux époques où les violences des partis et les surprises qu'elle subissait, ne lui permettaient aucune création empreinte de son génie propre ; elle les a acceptées, par imitation de ce qui réussissait à ses voisins, à cause de la répulsion que lui inspire l'esprit révolutionnaire, et devant le souvenir des fautes et des excès de nos grandes assemblées. Mais il est possible, qu'aujourd'hui, mûrie par l'expérience de l'instabilité que produit chez elle le parlementarisme simple, elle revienne à la fois à la logique de son organisation unitaire et de sa tradition constante, en inscrivant dans son droit nouveau le principe d'une Assemblée nationale unique et composée, qui sera le véritable organe définitif de la souveraineté complexe et indivisible, dont elle a l'instinct si net et si précis. En revenant à ce principe, la France reprendrait dans la série des progrès politiques et sociaux des peuples, le rôle d'initiative qu'elle a eu à toutes les grandes époques de son histoire ; originale par sa langue, par sa littérature, par ses arts, elle se montrerait aussi originale et créatrice dans la politique, et elle trouverait peut-être dans un nouveau type d'assemblée qui lui serait propre, un instrument sûr et une méthode puissante pour les grands problèmes sociaux que le 19ème siècle voit se dresser devant lui, et que les gouvernements n'osent pas aborder.

Au reste, ce n'est pas seulement une tradition Française, c'est encore une tradition chrétienne, qui indique l'unité d'assemblée, comme étant le système propre au génie unitaire et universel de notre Nation. l'Eglise depuis 19 siècles réunit des conciles, elle a toujours cherché par la constitution intime de chaque assemblée conciliaire, à assurer la gravité, la dignité, l'autorité de ses délibérations. La France n'est-elle pas, par ses lois et par ses mœurs plus profondément imprégnée de l'esprit chrétien qu'aucune autre nation du monde ? Aucun peuple a-t-il comme elle le sentiment de l'égalité originelle, de la solidarité des hommes, et de l'unité à laquelle les hommes ne cessent d'aspirer ?

Je sais qu'une école philosophique et politique, aujourd'hui prépondérante dans les régions gouvernementales considère la religion catholique, comme étant en antagonisme absolu avec l'esprit moderne, et comme livrant depuis trois siècles à l'esprit nouveau une bataille incessante, où il faut que le progrès succombe ou que la religion soit anéantie.

Il y a cependant entre la Religion et le progrès moderne

une incontestable identité de but. La Religion aboutit à l'anéantissement de la personnalité contingente de l'homme par l'esprit de dévouement, d'abnégation et de sacrifice, dont Jésus a fait la pierre fondamentale du monde nouveau qu'il a prêché. La politique, dans son domaine moins étendu que la Religion, demande et impose à tous les hommes, ces vertus nécessaires, sans lesquelles tous les Etats périssent. Où serait donc l'antagonisme absolu quand le même but est poursuivi ? Et comment des hommes qui se prévalent de méthode et de science expérimentale peuvent-ils méconnaître des traditions qui remontent à tant de siècles, et oublier que la loi des Contrastes qui existe en histoire, se concilie toujours avec cette autre loi, plus haute et plus profonde, que la nature ne fait pas de sauts, et qu'elle ne connaît pas de déchirements ?

Mais ce qu'il faut reconnaître, ce qui peut-être n'a pas été suffisamment mis en évidence, soit par les représentants de la Religion, soit par les représentants du droit et de la science moderne, c'est que pour parvenir au même but, qui est l'impersonnalité dans l'homme, la Religion et le droit moderne procèdent par des méthodes différentes : la Religion, par la méthode doctrinale, qui, partant de la Révélation et de la connaissance certaine d'une vérité démontrée, la répand de haut, par l'enseignement dogmatique, sur les individualités simples, s'adressant exclusivement aux consciences individuelles, bornant son action au développement et à l'application logique de la vérité connue, sans essayer aucune déduction nouvelle et aucun progrès nouveau ; le droit moderne, au contraire, procédant par la méthode expérimentale et scientifique, partant du progrès acquis, et révélant à son tour, par sa méthode d'investigation et de recherche, les besoins ou les faits nouveaux que les progrès même du passé ont enfantés, rassemblant ces faits épars en faisceau pour en reconnaître le caractère général et humain, de manière à pouvoir proclamer la loi scientifique nouvelle qui les résume et les consacre, et leur donne leur place dans le cadre indéfini des connaissances de l'humanité. Les deux méthodes différentes, mais non contradictoires, répondent évidemment toutes deux aux besoins de l'esprit de l'homme; loin de proscrire l'une par l'autre, il faut, que l'homme politique surtout, apprenne à les employer simultanément. C'est parce que les sociétés de l'ancien monde étaient constituées de manière à n'employer que la première de ces méthodes, qu'elles n'ont connu que le progrès restreint enseigné par les castes ou les classes dirigeantes, et qu'elles ont successivement croulé ; c'est parce que la Religion, supérieure par sa nature au monde terrestre, ne doit employer que la première de ces méthodes qu'elle a laissé et qu'elle laisse stationnaire les peuples soumis à son influence exclusive, et qu'elle est, par suite, en apparente contradiction avec l'aspiration légitime des peuples modernes vers un progrès indéfini. Mais il ne faut pas donner à cette contradiction des méthodes un caractère absolu qu'elle ne comporte pas, et qui a sa raison d'être dans la séparation des domaines religieux et politique. Il n'y a là qu'une question de forme, de marche, de procédé et de compétence ; il n'y a pas de question, et il n'y a pas d'antagonisme de fonds.

C'est par cette dernière considération que je veux terminer cette première partie de cette étude sur l'application vraie du principe de la Souveraineté Nationale. Si pour appliquer dans une nation le principe de sa souveraineté sur elle-même, on est amené, par le développement logique des faits de sa vie intérieure à constituer en elle, comme organe législatif souverain, un type d'assemblée analogue à celui qui a toujours et spontanément servi au gouvernement suprême de l'Eglise chrétienne, ce sera un argument, ajouté à tant d'autres, pour affirmer, conformément à la promesse Évangélique, l'identité de la Religion et de la science, la concordance essentielle et fondamentale du droit moderne et du droit chrétien.

Deuxième Partie

L'AVENIR ÉLECTORAL

1er Mode.   Base Territoriale.

Communes. — Département.

L'AVENIR ÉLECTORAL, EN FRANCE

§§ I⁰ʳ

Examen historique et critique des divers systèmes électoraux individualistes essayés depuis 1789.

La première application faite en France depuis 1789 du principe de la Souveraineté Nationale dans le domaine législatif a été simple et par suite insuffisante, mais elle a préparée la voie à une application moins incomplète, qui sera le couronnement de l'expérience des générations nées depuis la Révolution.

Il en est de même, en vertu de la loi historique de l'évolution des principes, dans le domaine électoral. Instinctifs et simples d'abord, les systèmes électoraux essayés pour mettre en action le principe de la souveraineté du pays sur lui-même, n'en ont été que des applications timides, encore imprégnées, sans qu'on s'en doutât, des habitudes d'esprit du passé, et qui, à raison des contradictions même qu'elles renfermaient en elles, ont amené dans le pays des tiraillements inexplicables et des déchirements douloureux. Mais aujourd'hui, les faits qui se sont succédés dans le domaine électoral sont assez nombreux pour qu'on puisse les classer, pour qu'on puisse reconnaitre en quoi ils n'ont été que des tentatives tout à fait embryonnaires de mise en pratique du principe qu'ils devaient appliquer, et pour qu'on puisse trouver en eux le genre de redressements plus virils et d'applications plus larges dont l'avenir parait prochain.

Les nombreux systèmes électoraux essayés depuis 1789 pour former la première assise de la Souveraineté Nationale, peuvent se répartir en deux grandes séries, suivant la base qu'ils ont adoptée, comme élément dominant de l'électorat politique : pour la première de ces séries, Constitution de 1791, du 5 fructidor an 3, de brumaire an 8, Chartes de 1814 et de 1830, l'électoral politique a été une fonction attribuée par la loi à des citoyens, que les premiers textes législatifs appelaient citoyens actifs, et qui avaient la mission légale d'exercer à la fois leurs droits propres et ceux des autres membres de la nation, considérés comme devant toujours rester mineurs. Pour ces divers systèmes, le signe caractéristique de la capacité spéciale des citoyens actifs pour la fonction électorale dont ils avaient seuls l'exercice, c'était l'inscription au rôle des contributions directes, qui supposait avec une certaine aisance, une instruction suffisante pour justifier le triage politique fait par la loi.

Pour la seconde série de ces systèmes, décret du 12 Août 1792, Constitution non appliquée du 24 Juin 1793, Constitutions de 1848, 1852 et 1875, l'électoral politique a été non une fonction, mais un droit, inhérent à la seule qualité de français, majeurs de 21 ans, sans condition de cens, sans condition de capacité spéciale, sous la seule réserve de n'avoir pas subi de flétrissante condamnation.

La première de ces séries, en créant dans la nation

la double catégorie des citoyens politiques, et des individus bien plus nombreux destinés à subir passivement une loi faite sans leur participation directe ou indirecte, était encore fidèle au principe fondamental de l'ancien régime, celui de la minorité plus ou moins complète de la nation. La contradiction réelle qu'elle comportait contre le principe de la Souveraineté Nationale n'a point été intentionnelle dans les législations de 1789 à l'an 8, mais elle a été volontaire dans la Constitution de l'an 8, et dans les chartes de 1814 et de 1830, qui ne pouvant nier le principe de la souveraineté du pays sur lui-même, voulaient en restreindre l'exercice, et tendaient en définitive à tenir en laisse la masse de la nation sous un gouvernement ou sous des classes appelées à tout diriger. Au reste, quelles que fussent les intentions secrètes des législations de cette série, la contradiction réelle qu'elles comportaient toutes, intentionnellement ou non, contre le principe de la Souveraineté Nationale, devait rapidement aboutir à des conséquences qui mettraient en évidence l'erreur sur laquelle elles étaient basées. Peu apparente sous les constitutions de 1791 et de l'an 3, qui adoptaient un signe très commun pour conférer la capacité politique, et créaient par suite un très grand nombre d'électeurs, l'erreur est devenue éclatante sous les régimes de 1815 et de 1830, qui, en établissant un cens élevé, et par conséquent un signe restrictif et très rare de capacité politique, avaient indirectement reconstitué à la place des anciennes castes, une véritable aristocratie d'électeurs et une classe privilégiée, celle de l'argent. L'opinion publique reconnut à la suite de ces régimes que les systèmes électoraux basés sur un cens, quelque minime qu'il fût, non seulement n'étaient pas une application vraie du principe de la Souveraineté Nationale, mais entraînaient forcément une violation indirecte de ce principe, en même temps qu'ils violaient le principe éminemment français de l'égalité de tous devant la loi. Dès lors tout système basé sur l'idée d'un cens, s'est trouvé condamné comme inconciliable avec les aspirations démocratiques de la société moderne : aucun retour vers un passé électoral restreint n'est désormais possible ; la tentative faite par la loi du 31 mai 1850 de revenir à quelque chose d'analogue était d'avance frappée d'impuissance ; cette loi a disparu avant même d'avoir été appliquée.

La seconde série des systèmes électoraux, qui affirme le droit absolu de tous les citoyens français, sans autre condition que celle de la majorité civile, présente-t-elle une base plus rationnelle et plus pratique d'application du principe de la Souveraineté Nationale ?

Au premier abord, elle paraît rompre plus nettement avec la tradition ancienne de la minorité de la nation. Mais, avec le suffrage universel, la France a continué de voir s'épanouir en elle tous les défauts et tous les vices, qui, indépendamment de toute considération de logique, l'ont pour toujours détournée du suffrage restreint : abstention endémique d'une portion plus ou moins notable des électeurs, corruption plus ou moins éhontée, ignorance et incapacité des masses électorales, surprises et violences rendues possibles par cette incapacité même, considérations mesquines de personnes, de coteries, de clocher substituées aux considérations générales et vraiment politiques, revirements subits d'opinions condamnant le pays à des oscillations alternatives de liberté et de servitude, pression gouvernementale ou action oppressive de comités locaux ou d'une presse centralisée, tels ont été les caractères communs de la seconde période de nos systèmes électoraux et de la première ; et non seulement le suffrage universel n'a pas atténué ces vices incontestables, mais on peut affirmer que, dans bien des circonstances, il les a rendus plus généraux, et par suite plus sensibles et plus éclatants.

Bien que le cycle historique d'expériences des systèmes électoraux basés sur le suffrage universel simple et sans condition, et sur l'idée d'un droit électoral individualiste, n'ait pas encore été aussi long ni aussi décisif que le cycle des systèmes basés sur un cens et sur l'idée d'une fonction, il a cependant déjà donné des résultats qui permettent de juger cette série de systèmes comme la première, et d'affirmer que le temps n'est pas loin où l'opinion publique les condamnera, comme ne répondant pas mieux que ceux de la première aux besoins d'une démocratie bien organisée.

Deux modes de scrutin ont été employés en effet, pour la mise en pratique du suffrage universel individualiste et direct : le scrutin uninominal ou d'arrondissement, et le scrutin de liste ou de département. Le premier, appliqué par le deuxième Empire et par la République de 1875 à 1882, a pour lui les préférences des représentants confondus des gouvernements d'ancien régime ; le second, appliqué par la République de 1848 à 1851 et de 1871 à 1875, a été l'instrument instinctif, et est resté l'aspiration à peu près unanime des fractions les plus avancées du parti Républicain.

Les critiques élevées par les partisans du scrutin de liste contre le scrutin d'arrondissement sont assez connues et assez nombreuses, pour qu'il soit inutile dans cette étude de se livrer à un examen de la valeur comparative des deux modes de scrutin. Il suffit de constater que le scrutin d'arrondissement est aujourd'hui condamné en principe par la presqu'unanimité de l'opinion qui est au pouvoir, qu'il n'est plus que mollement défendu même par les fractions monarchistes, qu'il n'a été établi dans la Constitution hybride de 1875 que par des considérations d'intérêts personnels, qu'il n'est resté maintenu après les élections générales de 1881 que par des raisons d'oppor-

tunité également personnelles et passagères, pour être
convaincu que, dans un avenir plus ou moins rapproché,
le scrutin uninominal ira rejoindre dans les souvenirs de
l'histoire les divers modes du suffrage restreint.

Combien de temps durera à son tour la dernière
expérience qui soit à faire du scrutin de liste, aujour-
d'hui si impatiemment attendu par la démocratie militante ?

Il n'appartient à personne de le prévoir. Mais si le
scrutin de liste simple est accepté par les chambres, on
peut présumer qu'il ne résistera pas longtemps à la
suprême expérience qui en sera imposée au pays. Il est
facile d'induire en effet des épreuves faites de 1848 à
1851 et de 1871 à 1875, que les considérations qui
ont dicté les premiers votes de la Chambre de 1881 contre
le scrutin de liste, ne répondent pas seulement à un
danger éventuel pour l'existence propre de cette Chambre,
mais encore à un danger fondamental qui touche à
l'avenir même de la démocratie. Le suffrage universel,
avec le scrutin de liste, obéira sans doute à des considérations plus générales et à des aspirations plus élevées
que le scrutin d'arrondissement, il permettra peut-être
dans les assemblées législatives la formation de majorités
plus compactes et plus solides ; mais il sera le règne
des comités électoraux, sans autre mandat que la volonté
personnelle de leurs promoteurs, il sera le triomphe de
coteries locales intolérantes et exclusives, et peut - être
la domination sans aucun contrepoids possible d'une
influence gouvernementale occulte, ou de la Presse centralisée à Paris. Il constituera en réalité une élection
indirecte à deux degrés dont le premier sera faussé,
parce que l'organisation régulière en est impossible avec
tout suffrage individualiste simple, et que le second degré,
fonctionnant seul en vertu de prescriptions légales ne
servira qu'à enregistrer des décisions irrégulièrement

préparées. On s'apercevra peut-être bien vite, que si le scrutin de liste a l'avantage de paraître favoriser les courants généraux, c'est aussi un instrument merveilleusement propre à l'établissement de dictatures, basées comme en 1800 et en 1851, sur des apparences de plébiscites trompeurs. En présence de la rapidité avec laquelle se déroulent les faits de la politique contemporaine, l'attente pour l'appréciation définitive par l'histoire de la valeur du scrutin de liste simple, ne saurait être longue. Ce mode de scrutin n'échappera point à la condamnation désormais définitive de tous les modes de scrutin qui l'auront précédé.

Puisque toutes les modalités de systèmes électoraux successivement mis en pratique, pour asseoir la Souveraineté de la Nation sur elle-même, se sont montrées impuissantes devant l'épreuve des faits historiques, puisque le scrutin de liste dans lequel les directeurs de l'opinion républicaine ont encore un dernier espoir, donne lieu lui-même à des appréhensions assez sérieuses, pour qu'une chambre en grande majorité républicaine l'ait provisoirement écarté, n'est-il pas vraisemblable que tous ces systèmes ont un vice caché, fondamental, qu'aucun d'eux ne peut découvrir dans les autres, mais qui est la cause de leur insuffisance commune et de l'identité de leurs défauts ?

Tous les systèmes appliqués depuis 1789, soient qu'ils aient considéré l'électorat comme une fonction, soit qu'ils l'aient considéré comme un droit, qu'ils se soient appliqués à un nombre restreint, ou qu'ils se soient étendus à tous les hommes majeurs de 21 ans, qu'ils aient été directs ou indirects, qu'ils se soient renfermés dans une circonscription bornée, ou qu'ils aient mis en action une circonscription plus large, tous, partant de l'individualisme absolu des électeurs, ont eu pour essence caractéristique diviser la masse électorale en deux grands groupes hostiles, le groupe de la majorité absolue, affirmant son homogénéité sur un principe simple ou sur un ou plusieurs noms représentant ce principe, et les groupes plus ou moins hétérogènes de la minorité, subissant tous une défaite commune et un écrasement commun. Entre la majorité et la minorité future, avant toute élection, c'est une véritable lutte pour l'existence, dans laquelle tous les moyens semblent permis ; et le résultat infaillible et nécessaire a toujours été et devra toujours être, d'une part, que la majorité seule de chaque circonscription soit représentée dans les assemblées politiques, suivant une proportion plus grande que son importance réelle dans le pays, et de l'autre que la minorité soit au contraire privée de toute représentation. La lutte pour la vie, suivant la formule darwinienne, cette lutte des êtres et des organisations inférieurs, avec toutes ses férocités inconscientes, avec la passion de la revanche brutale, et avec le jeu de bascule perpétuel, qui pousse toujours les minorités simples à tenter d'être à leur tour des majorités dominantes, la division du pays en deux grands courants qui s'entrechoquent et se mêlent, ébranlant ou renversant tour à tour tout ce que chacun d'eux a apporté de bienfaits, voilà tout ce que les systèmes électoraux qui ont servi de base à la Souveraineté Nationale ont organisé dans le pays depuis 1789 !

Une pareille lutte évidemment stérile est-elle donc une nécessité inéluctable de la politique ? Ou bien a-t-elle une cause que l'intelligence humaine puisse et doive reconnaître, et dont le remède soit à chercher ? Je veux essayer de montrer que nous sommes simplement en présence d'une sorte de crise de croissance du pays dans l'usage de sa capacité politique, et de faire voir que l'issue de la crise est indiquée par notre histoire du jour, et que le remède doit sortir de lui-même de l'application sincère du principe de Souveraineté Nationale sur lequel la France moderne s'est édifiée.

§§ 11.

L'évolution historique de la France tend à Substituer des corps politiques comme unités électorales aux individus.

Tous les systèmes électoraux, postérieurs à 1789, instinctivement issus de la loi historique des contrastes ont pris et devaient prendre pour base de la Souveraineté Nationale l'individu. Le vote individuel et simple, le droit absolu de l'homme et du citoyen, considéré dans son isolement primordial, l'anéantissement de toutes les personnalités factices constituées sous l'ancien droit, en dehors de la personnalité même de l'homme, telle a bien été la pensée dominante de la grande Assemblée de 1789 ; et cela était la conséquence nécessaire des résistances tenaces que les personnalités factices d'ancien régime, castes, corporations et corps d'Etats, s'étaient montrées capables d'opposer au pouvoir central, au risque de compromettre l'unité nationale, et au mépris du principe essentiellement juste de l'uniformité de la loi pour tous. Mais l'individu lui-même, lorsqu'il reste dans son isolement naturel, ou dans le cercle borné de la famille, est forcément animé de l'esprit d'égoïsme et de particularisme des anciennes corporations privilégiées. Les personnalités individuelles capables de s'élever aux idées générales et de dominer les intérêts égoïstes, que leur situation simple, quelle qu'elle soit, leur impose, sont toujours des exceptions très rares. Tout système électoral, basé sur l'individualisme, doit donc aboutir à l'esprit de particularisme et d'anarchie, que la Révolution a voulu détruire, et comme l'anarchie engendre forcément le despotisme, tout système électoral individualiste condamne le pays, incapable de s'élever à une conception plus haute, à tourner dans le cercle vicieux d'un particularisme sans frein, ou d'une autorité sans contrepoids.

Mais l'histoire enseigne, qu'en dehors des systèmes électoraux individualistes, des combinaisons politiques plus larges et plus fécondes sont possibles, et sont même indiquées comme logiques par l'enchaînement des événements contemporains.

En effet, pour remédier à l'impuissance évidente de la personnalité humaine simple, et à l'insuffisance relative du groupe naturel de la famille, il surgit forcément, dans toute société avancée, des corps composés, formés par l'homme, mais affranchis des faiblesses de la nature matérielle, et dont l'organisation méthodique ne peut être que le résultat de l'expérience collective de générations susceptibles d'aspirations très compliquées.

Les premiers de ces corps, dont la formation est, pour ainsi dire, instinctive et de droit naturel, sont ceux que l'on peut appeler particularistes, parce qu'ils répondent à des besoins spéciaux et particuliers. Ce sont les corps professionnels, les sociétés civiles, industrielles et commerciales, toutes les associations, en un mot, qui répondent à des besoins restreints, et qui doivent vivre dans une même division territoriale, côte à côte avec d'autres corps hétérogènes répondant comme eux à d'autres besoins particuliers. Ces corps, basés sur le principe de la spécialité des fonctions, de la divisibilité du travail humain poussé jusqu'à ses limites les plus extrêmes, ont tous pour caractère commun de n'avoir pas de limites territoriales qui leur soient propres, d'être étrangères ou indifférentes à l'idée de Patrie ou de Nationalité, et de ne pouvoir se former normalement que par une convention libre, émanant des individus qui veulent y entrer.

Au-dessus de cette première série de corps, s'en place une seconde que j'appellerai série des corps mixtes, parce qu'ils procèdent de la première, et qu'ils préparent l'éclosion d'une troisième série, que les sociétés supérieures seules comportent. Je veux parler des corps administratifs, judiciaires et militaires qui répondent à certains besoins généraux et particuliers à la fois. Ces corps empruntent aux corps particularistes leurs habitudes spéciales, et le principe essentiel de l'absolue liberté de l'individu pour y entrer comme pour en sortir. Mais en même temps, ils acquièrent un caractère nouveau que leur donne leur participation à la puissance publique dont ils émanent, ils ont des limites et une compétence territoriales, comme la nationalité même dont ils manifestent la cohésion et la puissance, et ils sont, dans ces limites, les organes spéciaux de l'action du pouvoir souverain.

Ces deux premières séries de corps existent dans les sociétés autoritaires et non politiques, parce qu'elles obéissent, comme ces sociétés elles-mêmes, au principe simple de la direction partant d'en haut, et de la soumission absolue d'embas. Il en est une troisième, qui, à peine tracée dans les sociétés autoritaires sous les linéaments des corps mixtes, ne se développe nettement que dans les sociétés politiques, en pleine possession de l'idée de nationalité : c'est la série des corps franchement unitaires et communistes, qui ne vivant que du principe de l'indivisibilité et de la communauté nécessaires de certains intérêts humains, ont pour origine, non plus la volonté

initiale des hommes, mais la loi et la force légitime que
la loi peut mettre en mouvement. Ces corps, produits
supérieurs des forces complexes qui ont présidé à la
formation de la nationalité même, sont ceux qui com-
mencent à la commune, s'élèvent successivement, pour
satisfaire des besoins plus généraux que les intérêts
communalistes, à des circonscriptions territoriales plus
étendues, et se synthétisent enfin tous dans le corps
unique, supérieur, et indivisible de la nation. Tous ces
corps ont pour caractère commun d'avoir, comme la
nation elle-même dont ils sont membres, des limites
territoriales fixes, qui bornent leur compétence communiste,
limitent leur action et constituent pour leur personnalité
morale comme une enveloppe matérielle, sans laquelle
ils n'existent pas, et dont ils ne peuvent sortir. Ils ont
surtout pour caractère, par contraste avec les corps spéciaux particularistes et mixtes, que l'individu y entre
sans acte de sa volonté personnelle, rattaché qu'on est
forcément par sa naissance à sa commune d'origine
comme à la nationalité territoriale dont on dépend ; que
tant qu'on reste membre de la commune comme de la
nation, on en subit de gré ou de force la loi générale,
qu'on profite de tous les biens, comme on supporte tous
les maux, de la communauté nécessaire dont on fait partie.
Je ne parle point dans cette énumération des corps
purement religieux, parce que je tiens à laisser en dehors
de cette étude, tout ce qui touche au domaine à la fois
général et spécial de la Religion ; les corps religieux
d'ailleurs, rentrent par leur nature propre dans la catégorie des corps particularistes ou mixtes, ils sont comme
eux étrangers ou indifférents à l'idée de nationalité, dont
je veux m'occuper ici exclusivement.

L'ancien régime entièrement infecté, par la constitution
même de la féodalité de l'esprit de monopole et de

privilège, qui est le fruit naturel de l'existence des castes,
n'avait guère permis l'éclosion, dans l'ancienne France,
que des deux premières séries de corps sociaux, en
même temps que des corps religieux. Encore les avait-il
faussés dans leur essence, en les constituant non seulement
suivant les qualités spécialistes qui leur sont propres, mais
surtout en y introduisant le principe contraire à leur
essence et propre au régime des castes, de la contrainte
légale et de l'immobilité héréditaire dans la fonction. Quant
aux corps unitaires de la troisième série, leur formation
avait été d'autant plus précaire et plus difficile, que la
Royauté, après avoir paru comprendre à l'origine des
communes, qu'il y avait dans ces corps une force sociale
de même nature qu'elle, sur laquelle elle pouvait s'appuyer,
et dont elle aurait dû par suite aider les développements
normaux, avait à son tour, entraînée par le caractère
féodal qu'elle tenait de son origine, étouffé les communes
elles-mêmes sous le despotisme autoritaire à l'aide duquel
elle combattait les abus de la féodalité. D'ailleurs, de
même que le régime féodal avait faussé les corps particularistes, en en faisant des corps fermés et exclusifs, de
même il avait faussé les rares corps communaux, qui
avaient réussi à se former malgré mille entraves, en ne
leur permettant de se constituer et de vivre, qu'à l'aide
de privilèges particularistes, sous lesquels leur caractère
essentiellement unitaire avait disparu.

La Révolution, confondant dans une même réprobation
les corps des trois séries, et les vices que la féodalité
leur avait indistinctement infusés à tous, en a prononcé
d'une manière systématique l'anéantissement et la dispersion.
Elle en a interdit d'une manière absolue la reconstitution
dans l'avenir. C'est en cela, c'est dans sa législation
draconnienne contre les corps et les personnalités de toutes
sortes, sans aucune distinction entre ceux qui devaient

par essence reconstituer une féodalité à rebours, et ceux
qui répondaient au besoin légitime et naturel de l'association pour l'homme, que la Révolution a dépassé son but,
et violé son propre principe de liberté et d'émancipation.

L'excès où est tombée la législation de 1791 et de 1792
contre les corps et les associations, ne tarda point à
amener une réaction dans le sens d'une demie liberté ;
le code civil au titre des sociétés, le code de commerce
pour les sociétés commerciales, le code pénal lui-même
dans son article 291, ne conservant plus que contre les
réunions de plus de vingt personnes, les défiances et les
pénalités du premier moment, étaient un progrès. La
tolérance arbitraire du Gouvernement Impérial, la loi de
1825 sur les congrégations religieuses de femmes, les
complaisances des gouvernements de 1815, 1830 et du
second empire, les revendications ouvrières de 1848, 1852,
et 1870, ont amené des atténuations successives aux prescriptions rigoureuses, qui avaient paru d'abord nécessaires
pour sauvegarder les conquêtes de la Révolution. Mais
toutes les mesures réclamées par les besoins nouveaux,
en faveur des associations particularistes, se sont produites
au hasard des événements, sans règle fixe, et sans méthode ;
elles ont laissé la matière importante de l'existence des
corps de cette nature à la discrétion, de l'arbitraire gouvernemental. La France attend encore, depuis 1789, sur les
corps particularistes et sur les associations spéciales, autres
que les associations capitalistes dont une grande Nation ne
peut pas se passer, une loi libérale prévoyante et logique,
qui, en empêchant tout retour aux vices et aux erreurs d'une
féodalité nobiliaire ou financière, fasse la part nécessaire
de la liberté essentielle des individus.

L'erreur commise par la Révolution, à l'égard des corps
et des associations particularistes, a été également commise,
mais dans une moins grave mesure, à l'égard des corps

unitaires et communistes, dont l'existence est la condition
indispensable de la vie d'une grande Nation. Le décret du
14 Décembre 1789, en détruisant dans son article 1er, toutes
les municipalités alors existantes, subsistant en chaque
ville, bourg, paroisse ou communauté, sous le nom d'hôtels
de ville, mairies, échevinats, consulats, et généralement
sous quelque titre et qualification que ce fut, les rétablissait
immédiatement dans son article 4eme, sous le nom de corps
municipaux, en leur donnant à toutes, conformément à
l'esprit nouveau, une organisation uniforme, et en conférant
à tous leurs chefs le nom identique de maire, qui,
depuis lors n'a plus été l'objet d'aucun changement. Mais en
organisant ainsi les nouvelles communes, l'Assemblée
Nationale ne leur a donné que la personnalité civile et la
personnalité administrative. Dominée tout ensemble par
les habitudes de l'ancienne royauté jalouse de l'intégralité
du pouvoir politique, et par ses propres méfiances contre
les excès possibles de tout corps constitué, elle a entendu
n'attribuer aux communes qu'une capacité restreinte, et
ne leur a donné aucun droit, ni aucune fonction politique.
Tous les régimes qui se sont succédés en France depuis
1789, ont sévèrement maintenu les corps municipaux et
les autres corps unitaires, conseils de district, conseils
d'arrondissement, conseils généraux, dans la même exclusion
de la vie politique du pays.

La proclamation du principe de la Souveraineté Nationale,
la concentration de la puissance politique dans une ou
plusieurs assemblées souveraines, faisait cependant une
nécessité historique, et logique, de constituer les corps
unitaires émanés de la Révolution comme des corps
primaires politiques, qui seraient la base véritable, seule
solide et réellement inébranlable, du corps souverain et
supérieur de la Nation.

L'ancienne Royauté, pour n'avoir voulu s'appuyer que sur

ses propres forces, et sur les corps mixtes, administratifs, militaires et judiciaires qu'elle avait pu créer, avait sombré devant la première tempête à laquelle elle s'était trouvée exposée. La Souveraineté nouvelle de la Nation sur elle-même, débutant par la même faute, et s'élevant seule au-dessus du pays, sans s'appuyer sur autre chose que sur des individualités éphémères, anonymes et insaisissables, s'est placée en l'air pour ainsi dire, dans des conditions idéales et absolues, que la nature contingente de l'homme simple ne comporte pas, et elle s'est exposée, comme la Royauté féodale, à être balayée par le moindre ouragan.

La force des choses, la logique des principes plus forts que la volonté, les calculs ou les défiances des hommes, devaient compléter, plus ou moins rapidement, ce que les décrets de l'Assemblée Nationale avaient fait pour la constitution des communes et des départements. Personnalités civiles et administratives, ayant tous les caractères de la personnalité supérieure et politique de la Nation, bornés comme elle à un territoire distinct, répondant comme elle à des besoins collectifs généraux et indivisibles, ne pouvant avoir, comme elle, qu'une loi pour tous, et ayant, comme elle, le droit souverain (que les corps spécialistes ne peuvent avoir) d'employer, dans leurs limites, la force légale contre les volontés rebelles à la loi commune, les corps unitaires des départements et des communes devaient nécessairement devenir, en acquérant leur développement normal, des corps politiques primaires, servant de racines et d'appuis au corps supérieur et souverain de la Nation.

Il a fallu toutefois plus de quatre-vingts ans, pour que ce complément nécessaire de la constitution des communes et des départements passât dans la législation Française, et, chose remarquable, qui est l'effet d'une de ces ironies providentielles dont notre époque fournit tant d'exemples, c'est une Assemblée Souveraine, dont la majorité était hostile à la plupart des principes de 1789, c'est l'Assemblée de 1871, qui a consacré cette conséquence logique de la Révolution.

La loi du 15-23 Février 1872, présentée par M. le Comte Chrétien de Tréveneuc, en défiance de l'action révolutionnaire, et incontestablement abusive, que Paris a exercé sur la France, a donné aux Conseils généraux de département, pour le cas de dissolution par force de l'Assemblée Nationale, un droit et un pouvoir politique, que toutes les lois antérieures proscrivaient. Les Conseils généraux devenus légalement, depuis la loi de 1872, des assemblée politiques de secours, resteront désormais des assemblées politiques d'ordre primaire. La logique des choses a vite élargi la première brèche, faite par la loi de 1872, dans les vieilles lois prohibitives de l'action politique des corps unitaires ; et la même Assemblée monarchique, qui avait la première donné au principe de la Souveraineté Nationale, une application logique, que les assemblées de 1789 à 1871 n'avaient pas entrevue, devait, en votant la République, dans la loi organique du 2-13 Août 1875, développer, après trois ans à peine, le germe que la loi de 1872 avait semé. Par l'effet de cette loi, et pour les élections de l'un des corps politiques souverains, dont l'union dans le congrès forme la représentation complète de la Souveraineté Nationale, les membres des Conseils généraux, ceux des Conseils d'arrondissement, et les délégués des Conseils municipaux, sont devenus les électeurs politiques du Sénat. Ce n'était pas encore la personnalité politique des corps unitaires franchement et méthodiquement reconnue. Mais c'était le principe invisible de cette personnalité nouvelle, pénétrant enfin, non plus à titre d'expédient, mais à titre organique dans nos institutions.

Il a été facile de voir, que le principe était d'une puissance que personne ne soupçonnait.

La loi de 1875, en effet, éprouvée depuis sept ans à peine, a déjà montré, dans toutes les applications qu'elle a subies, la supériorité du mode de suffrage composé et indirect, émanant des corps politiques, sur le mode de suffrage simple, individualiste, et indirect appliqué en France de 1789 à l'an 8, et surtout sur le système simple, individualiste et direct, appliqué, depuis 1848 aux élections de la chambre des Députés. Sans doute, le mode de suffrage organisé pour le Sénat en 1875, a encore laissé place au vice endémique des systèmes électoraux individualistes : la division instinctive du collège électoral en deux grandes fractions hostiles dont l'une écrase l'autre. Cela tient à ce que la loi de 1875 n'est point allée, dans la logique du principe qu'elle posait, aux conséquences légitimes qu'elle aurait dû admettre ; elle n'a pas fait des corps départementaux ou d'arrondissement, considérés en eux-mêmes, des corps politiques ; elle n'a donné cette qualité qu'aux Conseils municipaux seuls, en les appelant à nommer, comme corps, un électeur sénatorial. Mais tous les autres vices secondaires des systèmes électoraux individualistes, directs ou indirects, ont cessé de s'étaler dans les élections sénatoriales, et la pratique de ces élections a permis d'atteindre à des résultats, que le suffrage universel simple ne pourra jamais donner : Rapidité supérieure, puisque les élections sénatoriales, bien que comportant jusqu'à trois tours de scrutin, sont toujours terminées dans le même jour ; facilité pour les candidats de se mettre en relations directes avec l'intégralité du corps électoral ; abstention d'une partie quelconque du corps électoral prévenue, parce que si la capacité électoral est un droit, c'est en même temps une fonction, dont la méconnaissance peut être frappée par une sanction pénale ; corruption grossière du corps électoral évitée ; pression gouvernementale ouverte ou occulte conjurée ; action abusive des comités sans mandat frappée d'impuissance par l'appui que peuvent trouver les uns dans les autres des électeurs habitués à des relations journalières et confiantes ; majorité toujours certaine et indiscutable, en sorte que depuis 1875, il ne s'est produit après les élections sénatoriales, que quelques rares invalidations, pour réparer des erreurs matérielles échappées lors des recensements des votes ; en un mot, dignité incontestable des élections sénatoriales, respect réciproque des électeurs et des élus, remplaçant les manifestations si troublées des élections législatives, telles sont les supériorités évidentes du mode de suffrage, qui a pour base les corps constitués, sur les modes de suffrage qui ont pour base l'éphémère et mobile personnalité de l'homme simple. Aussi ne faudra-t-il pas voir longtemps fonctionner côte à côte les deux suffrages, pour que le pays, qui aime avant tout la logique et la netteté, qui veut la clarté et la franchise, la moralité dans les moyens et la sincérité dans l'application des principes, ne recherche s'il n'y a pas, pour le suffrage universel direct, simple et personnel, un domaine propre où il doit se renfermer, et s'il ne faut pas laisser les élections et l'action politiques aux corps constitués, qui, par leur nature et par la force des choses, ont la même substance que la Nation, et ont comme elle, lorsqu'elle est devenue vraiment majeure et souveraine, un caractère politique que rien désormais ne saurait leur ôter.

Le suffrage universel direct et simple, tel qu'il a été proclamé par les lois de 1848 et de 1852, tel qu'il fonctionne en un mot aujourd'hui dans la France pour les élections législatives, est compétent pour les élections

municipales, et pour celles-la, les résultats auxquels il
est capable d'atteindre sont égaux ou supérieurs à ceux
de tous les autres genres de suffrages individualistes.
Dans le domaine peu étendu de la commune, en effet,
tout le monde se connaît, tous sentent par l'expérience
journalière, l'importance et la valeur des intérêts communs
qu'il faut gérer, tous peuvent apprécier les capacités
susceptibles de cette gestion ; on sait les origines, les
habitudes, les traditions des candidats dignes des suffrages
publics ; les passions politiques qui aujourd'hui divisent
d'une façon si cruelle, ne sont pas toujours un obstacle,
dans le sein de la commune, à la tolérance et à l'estime
réciproques ; les partis hostiles tiennent toujours, en tout
cas, à se faire réprésenter par les plus capables; il est
donc vrai de dire que les élections municipales se font
au moins en pleine connaissance de cause de la part de
l'électeur comme de celle de l'élu.

Mais la plupart des électeurs individualistes et simples,
vivant toute leur vie dans le cadre restreint de leur famille
et de leurs affaires, ne sortant pour ainsi dire pas de
leur commune ou de leur canton, indifférents à ce qui
n'est pas dans le cercle de leurs occupations et de
leurs études, voyant dans un lointain plus ou moins
nuageux la constitution politique impersonnelle de l'Etat,
sans en comprendre les rouages secrets et le fonctionne-
ment compliqué, sont et resteront toujours incapables,
parce qu'ils n'y attachent aucun intérêt direct et personnel,
de juger sainement des choses politiques. Leur compétence
s'est exercée dans ses limites vraies, quand ils ont fait
parmi eux le choix qui est indispensable pour constituer
un corps politique primaire, et par cela même qu'ils ont
épuisé leur compétence, ils ont excercé toute la part
individualiste qui leur appartient dans l'exercice du principe
de la Souveraineté de la Nation.

Dans une Nation pénétrée intimement, comme la France, du principe de la Souveraineté Nationale, obligée, comme elle, par l'aveuglement et l'obstination rétrograde des gouvernements et des partis d'ancien régime, à pourvoir à tous les besoins qu'une civilisation forte, riche et compliquée fait naitre, l'électeur politique n'est plus l'individu, c'est le corps constitué; l'unité politique électorale primaire, c'est la commune, et au-dessus de cette unité électorale, doivent s'étager jusqu'à atteindre à la hauteur du corps législatif et souverain du pays, les autres corps électifs secondaires, dont l'action plus large peut remédier à ce qu'il y aurait de trop borné et de trop exclusif dans l'action simple des corps municipaux. Si, en suivant la voie logique ouverte par les lois de 1872 et de 1875, la France arrive à remplacer l'impalpable poussière de dix millions d'électeurs incompétents, qui aujourd'hui couvrent son territoire, par les trente-six mille blocs fondamentaux de ses communes, et par les degrés supérieurs de ses Conseils d'arrondissements et de ses Conseils généraux, elle aura pour assises de ses Assemblées souveraines, et pour organes préparatoires de sa Souveraineté Nationale, des éléments dont la solidité défiera toutes les contradictions du passé et toutes les impatiences des énergumènes de l'avenir.

§§ III

Théorie de l'électorat politique des Conseils municipaux, des Conseils d'arrondissements et des Conseils généraux. — Rédaction par ces corps des Cahiers généraux du pays à la majorité absolue. — Constitution de leurs délégués en corps électoral départemental, divisible en groupes homogènes, votant par bureaux, à la majorité relative, pour l'élection des Députés.— Représentation exactement proportionnelle de la Majorité et de la Minorité.

En donnant aux Conseils municipaux, aux Conseils d'arrondissement et aux Conseils généraux, une personnalité politique primaire, préparatoire de la personnalité nationale condensée dans le corps législatif souverain, on peut atteindre par le développement logique du principe posé dans la loi de 1875 à deux résultats qu'aucun système électoral individualiste ne saurait donner au pays : Je veux dire : 1° La manifestation légale, régulière, certaine de ses besoins et de ses vœux au commencement de chaque période législative, 2° la représentation exactement proportionnelle, dans toute assemblée législative, de toutes les nuances d'opinion suffisamment importantes, sans écrasement possible de la minorité par la majorité.

Pour la manifestation vraie des vœux et des besoins du pays au début de chaque période législative, la France est aujourd'hui réduite aux manifestations d'une presse centralisée à Paris, et aux professions de foi des candidats. On sait quels courants factices ces origines restreintes de la volonté nationale peuvent créer ou subir ; on sait à quelles incertitudes, et même à quels affolements, après des élections générales faites avec de pareils préliminaires, le pays s'est trouvé à diverses reprises exposé. Tous les partis se prétendent les vrais interprètes de l'opinion publique, tous contestent, après les élections générales sur la valeur morale des résultats électoraux, et, après de triomphantes élections, le parti vainqueur ne sait plus toujours dans quel sens gouverner.

La France avait, avant 1789, dans les rares occasions où la Royauté était forcée de supporter l'action du principe de la Souveraineté Nationale, l'institution vivace et sûre de ses cahiers généraux, qui s'écrivaient dans toutes les circonscriptions administratives d'alors, par communautés, par baillages ou par sénéchaussées, et dans lesquelles le pays savait résumer avec une puissance qui, en 1789, a fini par être invincible, l'expression de ses souffrances, de ses besoins, de ses aspirations. Une résolution a été adoptée par la chambre des Députés en 1882, sur l'initiative de M. Barodet, pour chercher, dans le dépouillement des professions de foi des Députés élus en 1881, l'équivalent des anciens cahiers généraux. Cette résolution est encore un reste de l'erreur fondamentale de l'Assemblée Constituante de 1789, qui a substitué la souveraineté simple des assemblées, à la souveraineté complexe et imprescriptible de la Nation. Les Conseils municipaux de la France ont aptitude, et ils ont la vraie compétence, pour rédiger les cahiers généraux qui peuvent servir de base pratique aux travaux de chaque législature ; les Conseils d'arrondissement ont compétence pour donner à ce travail préparatoire une première et nécessaire épuration, et les Conseils généraux ont à leur tour la capacité indispensable et le devoir d'en faire l'épuration définitive, après laquelle ils peuvent être soumis à l'épreuve législative qui leur donnera leur suprême sanction. Lorsque, pendant la période dont une loi prévoyante doit déterminer la durée, comme on détermine aujourd'hui la durée de la fièvre électorale politique, les conseils électifs de la France auront été appelés à faire connaitre, avant des élections générales, ce qui leur parait nécessaire, ce qui leur parait désirable, ce qui leur parait pratique et réalisable dans l'état actuel du pays, n'est-il pas évident qu'il se sera formé dans le pays un courant irrésistible d'opinion, que le pouvoir législatif n'aura qu'à suivre, dans les limites des forces de la Nation, qu'aucune volonté réfractaire ne pourra entraver, et dont les Chambres n'auront qu'à trouver les voies et moyens d'exécution. Ce courant ne résultera-t-il pas pour tous, indiscuté et indiscutable, de la simple supputation des votes des corps primaires, et de la constatation légale d'une majorité absolue pour des réformes dont cette majorité même prouvera la maturité ?

Après avoir servi, par la mise en action du principe de la majorité absolue, à donner l'expression préparatoire certaine, indiscutable, des besoins et de la volonté du pays, les corps politiques primaires peuvent arriver, par la mise en action du principe de la majorité relative, à donner la représentation proportionnelle exacte de tous les groupes d'opinion véritablement caractérisés.

La loi de 1875 a considéré tous les Conseils municipaux comme des unités électorales absolument égales, en leur donnant à tous le droit de nommer pour les élections sénatoriales un seul délégué. Ça été une erreur relative, contre laquelle l'opinion des hommes politiques, sur les réclamations réitérées des grandes communes est promptement revenue ; les communes grandes et petites sont bien des unités électorales de même nature, et par conséquent symétriques et équivalentes, mais l'égalité absolue n'existe point entre elles ; il est évident que les communes importantes doivent, dans un collège électoral bien constitué, avoir une représentation plus forte que les petites. Le principe à appliquer est celui de la délégation électorale proportionnelle à la population. Seulement, si l'on appliquait ce principe d'une manière simple et absolue, sans égard aux atténuations nécessaires qui s'imposent toujours dans les questions politiques, on arriverait à cette conséquence extrême de faire nommer, par les Conseils municipaux des grandes communes, des délégations électorales plus nombreuses qu'eux. A Paris, par exemple, la délégation électorale serait dix fois plus nombreuse que le Conseil municipal dont elle émanerait. Il y a là une impossibilité pratique, et en même temps une dérogation à la logique, qu'il est facile d'éviter, en combinant le principe simple de la délégation proportionnelle à l'importance des communes, avec ce second principe que le chiffre de la proportionnalité décroîtra en proportion inverse de l'accroissement de la population.

Ainsi chaque Conseil municipal devra, suivant le principe simple posé par la loi de 1875, pour les communes de moins de deux mille habitants (et c'est la très grande majorité de nos communes Françaises), nommer un délégué électoral par mille habitants. En outre, les conseils des grandes communes en nommeront un de plus par deux mille habitants jusqu'à dix mille, un de plus par dix mille habitants jusqu'à quarante mille ; un de plus par vingt mille habitants jusqu'à cent mille ; un de plus par cinquante mille habitants jusqu'à cinq cent mille ; un de plus par cent mille jusqu'à un million, et au delà d'un million, un par million. Paris aurait droit, avec l'application de ce double principe, à une délégation de 28 membres, nommés par son Conseil municipal ; il serait représenté en outre, comme tous les autres départements, dans le collège électoral de la Seine, par tous les membres de ce Conseil qui font tous partie du Conseil général du département.

Maintenant, je prends un collège électoral départemental composé de cinq cents membres, délégués des Conseils municipaux et membres des Conseils d'arrondissement et des Conseils généraux, puisant leur titre électoral dans la loi, et dans une délibération spéciale prise par les corps eux-mêmes pour classer leurs membres par nuances d'opinions. Il y a, dans ce collège électoral, six nuances tranchées, représentant, dans l'opinion républicaine, les radicaux, les opportunistes, la gauche doctrinaire et le centre gauche, qui comportent entre eux les 3 5 du collège ; et dans l'opinion dite conservatrice. les légitimistes, les bonapartistes, et les orléanistes plus ou moins rapprochés du centre gauche républicain formant entre eux les 2 5.

Toutes ces nuances d'opinions devront se classer entre elles par groupes homogènes, en prenant pour têtes de groupes les membres classés d'avance des Conseils généraux et des Conseils d'arrondissement, en prenant d'ailleurs pour coefficient de tous les groupes la moins nombreuse des opinions, pourvu qu'elle représente 1 10 des électeurs inscrits. Il se constituera ainsi dans cette masse de cinq cents électeurs de sept à dix bureaux homogènes, dont chacun aura un vote collectif, pour lequel on pourra employer indifféremment le scrutin uninominal ou le scrutin de liste, avec la restriction nécessaire dans l'usage du principe de la majorité relative, que chaque bulletin de vote ne portera pas plus de la moitié du nombre des sièges à remplir.

Le collège électoral constitué aura à élire neuf Députés.

Avec le vote uninominal et dans l'hypothèse de la division en sept bureaux, les quatre bureaux de la majorité républicaine, les trois bureaux de la minorité conservatrice, nommeront par un premier tour de scrutin. avec un nom seulement sur chaque bulletin collectif. sept députés qui n'auront chacun qu'une voix ; à un second tour, la majorité républicaine est certaine de l'un des deux sièges restants pour lequel elle aura quatre voix, les trois groupes d'opposition s'assureront le dernier siège avec les trois voix dont ils disposeront.

S'il y a dix bureaux pour pourvoir à neuf sièges, il faudra l'entente de deux bureaux, pour être sûr d'un siège. Les six bureaux républicains à un premier tour de scrutin emporteront trois sièges, avec deux voix pour chacun de leurs candidats, les quatre bureaux d'opposition n'en n'auront que deux. A un second tour, les bureaux de majorité et de minorité continuant de se répartir par groupes binaires, il y aura cinq candidats, trois républicains et deux conservateurs, réunissant deux voix chacun ; le plus jeune d'entre eux sera écarté. Ainsi la représentation qui sortira d'une élection basée sur le double principe du vote collectif des groupes homogènes, et de la majorité relative, sera, dans l'hypothèse que je viens d'examiner de cinq au moins et peut-être de six. par bénéfice de l'âge pour la majorité, de trois au moins et peut-être de quatre pour la minorité.

Avec le scrutin de liste, et quatre noms seulement ou la moitié du nombre des députés à élire inscrite sur chaque bulletin de vote, les quatre bureaux républicains (dans l'hypothèse de sept bureaux), disposeront de seize voix, les trois bureaux conservateurs de douze. Les premiers pourront répartir leurs voix sur cinq noms dont le premier aura quatre voix et les quatre autres trois chacun. Les seconds répartiront leurs voix sur quatre noms seulement, qui auront chacun troix voix. Le résultat sera donc de faire nommer cinq députés républicains et quatre conservateurs.

Dans l'hypothèse de la division en dix bureaux, les six républicains disposeront entre eux de vingt-quatre voix, qu'ils peuvent répartir entre six noms à quatre voix chacun, les quatre bureaux conservateurs disposent de seize qu'ils répartissent également entre quatre noms. Dans ce cas, comme il y aurait dix noms réunissant chacun quatre voix pour neuf sièges à remplir, la liste des députés sera arrêtée au détriment du plus jeune d'âge, et suivant cette éventualité dont les groupes auront dû se préoccuper avant le vote, l'élection donnera ou six députés républicains et trois conservateurs, ou cinq députés républicains et quatre conservateurs..

Le mandat qui sortirait d'une pareille élection pour les députés élus aurait un caractère vraiment politique ; il serait précis et nettement déterminé en même temps qu'impersonnel dans son origine ; il créerait d'ailleurs, dans des conditions de dignité et de convenance acceptables pour tous, le seul lien moral obligatoire qui doive exister entre le corps électoral et l'élu. Aujourd'hui, par un véritable renversement des lois du sens commun, c'est le mandataire qui, dans une profession de foi éphémère et vite oubliée, trace seul les linéaments généraux et nécessairement très vagues de la conduite politique qu'il entend garder. Quel homme, si éminent qu'il soit, ne se trouverait honoré et ne considérerait comme préférable de recevoir, comme le font aujourd'hui les délégués des assemblées industrielles, financières, commerciales, artistiques, le mandat préalablement mûri, et rédigé par l'initiative du corps électoral lui-même, de défendre et de traduire en lois, dans les limites du possible et des droits acquis, les vœux et les besoins nouveaux nettement indiqués du pays ? Pour les élus de la majorité, le devoir moral, concordant pleinement avec leurs aspirations personnelles, ne serait évidemment qu'une cause de force ; pour ceux de la minorité, la constatation officielle de l'existence d'une majorité indiscutable n'aurait-elle pas pour effet de les détourner d'une stérile opposition systématique, pour les renfermer dans l'étude des amendements qui rendraient acceptable pour tous l'application de principes certains d'une invincible majorité ? ne parviendrait-on pas ainsi, avec l'expérience des mandats vraiment politiques, à anéantir enfin cette domination anormale du mandataire sur le mandant, dont tous les régimes politiques ont donné l'exemple, tout en laissant à l'initiative.

à la conscience et à l'expérience supérieure des élus la recherche, qui est leur domaine propre, des moyens et des méthodes nécessaires, pour que le progrès s'accomplisse sans violences et sans soubresauts.

Des opérations électorales de cette nature seraient bien d'ailleurs la préparation toute naturelle de la reconnaissance des nuances parlementaires, pour l'application du principe du classement des députés par groupes ou bureaux homogènes ; et l'unité de méthode qui présiderait à la fois à l'action électorale et à l'action législative, apparaîtrait comme le signe et la conséquence de l'indivisibilité constitutionnelle des organes complexes, sans lesquels la Souveraineté Nationale ne peut être sincèrement mise en action.

Le résultat d'un pareil procédé d'élection ne serait pas seulement de donner satisfaction au besoin de justice distributive qui est au fonds de toutes les consciences, et d'obéir à des nécessités logiques que les institutions humaines ne blessent jamais longtemps en vain ; il serait encore, et ce serait peut-être son plus grand bienfait moral, d'habituer les adversaires politiques à subir, par le fait même de l'application de la loi électorale, cette tolérance réciproque, ce respect des opinions divergentes, sans lesquels le principe de la liberté de la pensée en politique comme en religion, n'est qu'un vain mot. Lorsqu'il résultera de la loi même servant de mise en œuvre au principe de la Souveraineté Nationale, non-seulement que la représentation proportionnelle des opinions est nécessaire, mais encore que cette représentation proportionnelle est seule vraiment compatible avec le principe de l'unité et de l'indivisibilité nationale, alors il est permis d'espérer que l'ère des agitations stériles, des doutes énervants et des déchirements déplorables sera près de se clore pour la France, et que les conséquences de la grande évolution qui se fait en elle depuis 1789 cesseront d'être pour les autres nations, et surtout pour les gouvernements de l'Europe un sujet de surprises et de défiances, sous lesquels .nous restons isolés.

Troisième Partie

Complément de l'Avenir Électoral

2ᵐᵉ Mode

Base Territoriale et Sociale

PARIS. — PROVINCE

COMPLÉMENT DE L'AVENIR ÉLECTORAL

Paris. — Province.

---

§§ Ier

Le principe simple de la Souveraineté Territoriale qui est la sauvegarde et la seule sanction du droit général des Nations modernes est insuffisant pour satisfaire aux besoins complexes des sociétés avancées.

Lorsque j'ai recherché si l'étude approfondie de l'histoire de la France ne permettait pas de pressentir, qu'il doit exister, pour l'application sincère du principe de la Souveraineté Nationale, une base moins mobile, moins éphémère, et surtout plus conforme à la nature intégrale de l'homme, que la personnalité fugitive et bornée de l'individu simple, lorsque j'ai cru trouver cette base solide dans la commune, légalement créée en 1789, et dont nos lois ont, depuis lors, progressivement achevé le développement, j'ai tenu à suivre, pas à pas, les enseignements et les déductions qui me semblaient logiquement résulter, de l'histoire, et j'ai tenu surtout à rester dans les limites certaines du principe qui est le fondement positif, incontestable du droit général des sociétés humaines, le principe de la Souveraineté Territoriale.

Toute souveraineté parmi les hommes, dans le monde ancien comme dans le monde moderne, est territoriale; c'est là un principe absolu de toutes les législations positives; la souveraineté n'existe matérielle, tangible, qu'autant qu'elle est incorporée à un territoire, les bornes et la puissance d'action du territoire donnent les limites et la mesure de la souveraineté.

La commune et le département, à raison de leur caractère de subdivisions territoriales rentrent bien dans le cadre de la souveraineté des Etats, ils s'y adaptent même d'une manière plus parfaite et plus indissoluble que l'individu.

L'individu, en effet, n'est point attaché par un lien nécessaire au sol qui l'a vu naître : les sociétés du XIXe siècle sont remplies d'hommes qui s'élèvent au-dessus du principe des nationalités, et pour lesquels la Patrie n'est plus qu'un vain mot. Aussi faut-il reconnaître que la Révolution de 1789, qui avait le sentiment si vif et le culte si ardent de la Patrie et de la Souveraineté Française, a introduit dans l'idée dont elle était l'apôtre, un ferment de dissolution en lui donnant simplement pour point d'appui l'individu. L'individu, pour les manifestations les plus intimes de sa volonté personnelle, peut sans crime oublier et sa Patrie, et même la famille qui l'a créé. Le changement de nationalité est prévu, comme l'exercice d'un droit imprescriptible, par les législations de tous les peuples ; si l'homme se doit toujours à la famille qu'il fonde, et peut avoir des raisons légitimes de renoncer à celle d'ou il est sorti.

La commune, au contraire, de même que toutes les subdivisions territoriales, qui font partie du territoire de l'Etat, y restent unies par une communauté nécessaire à laquelle il ne leur est possible ni de renoncer, ni de se soustraire. L'indissolubilité du lien qui unit les communes à l'Etat, n'a pas besoin d'être prouvée pour la France ni pour les vieux Etats de l'Europe, constitués en vertu du principe simple de la Souveraineté Territoriale ; même dans les Etats constitués en vertu d'un pacte fédéral, l'indissolubilité du lien qui unit les diverses portions du territoire au centre fédéral commun, n'est pas moins certaine ; contesté pendant la guerre de sécession des Etats-Unis d'Amérique, ce principe a été sauvegardé par la soumission des Etats du Sud ; et la doctrine du droit d'un Etat régulièrement constitué de retenir en lui, même par la force, tous ses membres, restera comme un axiome du droit public du nouveau monde, comme elle est admise sans contestation dans l'ancien.

Le principe de la Souveraineté Nationale a donc, dans la création complète de personnalités territoriales inférieures à l'Etat, indissolublement incorporées à lui, et politiquement complètes, chacune dans sa sphère, une base de même nature que l'Etat lui-même, soustraite à toutes les fluctuations des volontés passagères, et par cela seul, inébranlable comme le sol même avec lequel elle se confond.

Mais en recherchant, pour l'exercice du principe de la Souveraineté Nationale, une base rationnelle et historique, cadrant, par son caractère territorial avec le caractère territorial de la souveraineté elle-même, on ne peut oublier que la souveraineté d'ordre purement territorial, quelque perfectionnés que soient ses organes, est absolument insuffisante pour garantir les besoins complexes, et assurer le développement normal des sociétés parvenues à une grande richesse et à une haute civilisation.

La Souveraineté Territoriale, dans son développement monarchique qui a marqué partout sa première phase, a pu faire des nations, et elle réussit encore, dans les races germaniques, dans les races slaves, et même dans les races latines, sauf en France, à maintenir la cohésion et l'unité. Mais depuis longtemps les inquiétudes des hommes d'Etat, le développement de l'esprit révolutionnaire dans les grandes monarchies de l'Europe, les attentats contre les souverains, les crimes contre l'ordre social sont des symptômes caractéristiques de l'impuissance de cette souveraineté, dans sa première phase, pour satisfaire les besoins des peuples, et réprimer les explosions criminelles, que les souffrances expliquent sans les excuser.

Dans la seconde phase de son développement, sous forme d'institutions républicaines plus ou moins autoritaires et plus ou moins complexes, la Souveraineté Territoriale, réduite comme dans les monarchies, aux compétences et aux procédés de la raison d'Etat et de la force légale, s'est montrée jusqu'aujourd'hui également impuissante à assurer la solution normale des problèmes en présence desquels elle se trouve tous les jours. Incapable aux Etats-Unis d'Amérique, de prévenir une attaque contre sa légitimité même, elle a paru un moment sur le point de succomber dans le déchirement de la guerre civile, elle n'a pas su protéger les jours des premiers magistrats de l'Etat contre le poignard des assassins ; elle ne peut se préserver d'une corruption intestine tellement générale, que beaucoup de citoyens recommandables s'écartent avec dégoût de la politique, pour en laisser les luttes à une classe nouvelle de politiciens. En France, l'Etat républicain ne peut non-seulement assurer au pays la sécurité politique, mais même l'ordre social, contre les violences et les menaces d'une poignée de sectaires anarchistes froidement résolus. L'impuissance du parti républicain rappelle l'impuissance des partis monarchistes ; les récriminations stériles qui forment désormais le seul aliment des polémiques, sembleraient être, pour notre pays divisé, le prodrome d'une imminente décomposition.

Il est facile de se rendre compte de l'impuissance de toute Souveraineté Territoriale pour garantir l'expansion complète de l'activité humaine dans les sociétés riches et progressives : c'est que l'État, monarchique ou républicain, réduit à la compétence bornée de la Souveraineté Territoriale, laisse en dehors de son domaine, sans avoir ni le droit d'y pourvoir ni la capacité d'y toucher, les plus importantes des manifestations de l'activité humaine. L'État peut donner la sécurité matérielle par les lois de police, la régularité administrative par ses lois d'administration intérieure, l'ordre légal par l'action de la justice des tribunaux ; il peut avoir au-dehors une certaine force d'expansion par son organisation militaire ; c'est déjà sans doute un bien immense que d'être à l'abri d'une souveraineté d'État, territorialement ferme et bien constituée, et qui a l'énergie morale d'user, sans hésitation, de la force légale contre les volontés réfractaires. Mais ce n'est point encore assez. Lorsque l'État a assuré l'ordre matériel, il a fait tout ce dont il est capable ; tous les besoins moraux des sociétés, la religion, l'éducation, les sciences, les arts, l'industrie, les questions si palpitantes qui se rattachent à l'économie politique, les rapports industriels et commerciaux des hommes, les questions de salaire, de chomage, de grèves, le paupérisme et toutes les souffrances, imméritées souvent, qu'il entraine, tout cela lui est complètement étranger ; tout cela est du domaine de ce que les nations modernes appellent la liberté individuelle, et l'État, quelle que soit sa forme, ne peut, dans les questions que ces grands intérêts soulèvent, que s'en rapporter aux initiatives et aux efforts des individus.

Seulement, l'État s'expose, en n'ayant en lui que des organes d'ordre purement territorial, à violer dans ces matières délicates et complexes, des principes vitaux des sociétés progressives, qui, dans l'ordre purement territorial, sont secondaires, et, en quelque sorte, voilés. L'histoire toute récente de la France, fournit la preuve des atteintes sérieuses, que l'Etat peut porter, même sans le vouloir, en ces matières, aux libertés légitimes de la pensée et de la conscience. L'Etat, qu'il soit monarchique ou républicain, envisage toujours avec défiance, les initiatives individuelles, et surtout les initiatives collectives, qui ont la mission sociale d'étudier et de résoudre les problèmes soulevés par les intérêts d'ordre supérieur à l'ordre purement territorial ; et comme les personnalités individuelles, ou les personnalités morales extraterritoriales, qui ont pu se former, grâce à la tolérance de l'autorité souveraine, ou à l'abri d'une législation plus ou moins libérale, se sont toujours montrées plus ou moins exubérantes, et plus ou moins dangereuses par leur esprit d'envahissement et de privilège, l'Etat a toujours eu pour principe d'avoir la main sur les personnalités de cette nature, et de substituer à leur initiative celle de ses propres agents.

C'était un axiome indiscutable de l'ancien régime, et c'en est encore un, parfaitement fondé du droit moderne, qu'il ne doit point y avoir d'Etat dans l'Etat. C'est à l'aide de cet axiome, que l'ancien régime a pu, par la Royauté et les parlements, abattre non-seulement les têtes multiples de la féodalité, mais tout ce qui, à côté du régime féodal, avait une personnalité morale et distincte dans la masse confuse du pays.

Mais s'il était logique, dans la phase monarchique du principe de la Souveraineté Territoriale, que toutes personnalités, quelles qu'elles fussent, cédassent devant la Majesté Royale, et ne fussent écoutées qu'à titre consultatif, il n'en peut plus être de même dans la phase impersonnelle de ce principe. Là, en effet, se pose, pour l'application même du principe souverain, la question de savoir, qui est membre du souverain impersonnel nouveau, entré sur la scène politique, et ce n'était pas d'instinct et à la hâte qu'une pareille question pouvait être sainement résolue.

Je crois avoir établi, dans les deux premières parties de cette étude, que la base individualiste, substituée simplement par l'assemblée constituante à la personnalité individuelle de l'ancien souverain, a été une base insuffisante et utopique pour la souveraineté de l'Etat.

L'insuffisance peut être atténuée, en se tenant dans les principes du droit purement territorial, par la substitution des personnalités territoriales de la commune et du département à la personnalité éphémère de l'individu. Mais il y a maintenant sur le sol de la France d'autres personnalités morales, qu'il n'est pas possible de laisser en dehors de l'Etat, si l'on ne veut pas courir le risque, comme sous l'ancien régime, de les revoir s'insinuer près des représentants de l'Etat, pour les influencer d'une manière occulte, les dominer, et asservir indirectement l'Etat ; ou même si l'on ne veut pas, que, précisément parce qu'elles sont exclues de l'Etat légal, elles agissent, comme des Etats distincts et ennemis, à côté de l'Etat, occasionnant ainsi, non pas, si l'on veut, dans la Nation matérielle, mais, ce qui est bien plus grave, dans la Nation morale, des déchirements qui sont des germes de dissolution. Le temps est peut-être venu aujourd'hui de rechercher, si ces personnalités morales, qui sont les sociétés de toute nature, sociétés littéraires, artistiques, industrielles, patronales, ouvrières, commerciales, de bienfaisance et même d'études et de propagande, librement constituées depuis 1789, ayant leur personnalité civile, leur siège social et leur avoir collectif, dans les limites terri-

toriales de l'Etat, ne sont pas les vrais membres de l'Etat,
à bien plus juste titre que les individus simples; membres
de l'Etat moral, comme les communes et les autres
subdivisions territoriales sont membres de l'Etat territorial,
et si ces personnalités morales ne sont pas des membres
d'autant plus nécessaires de la souveraineté de l'Etat,
que c'est par elles, et par elles seules, que le génie
propre de chaque Nation peut librement et complètement
se manifester. C'est en étudiant le rôle spécial que Paris
a joué dans l'histoire générale de la France, qu'il m'a
semblé que Paris avait encore à remplir une mission
particulière, suffisamment indiquée aujourd'hui par les
tendances de la législation, par les revendications ardentes
de ses représentants officiels, par les besoins que ces
revendications incessantes révèlent, et que j'ai cru voir
qu'il y a dans ces personnalités morales, une nouvelle
base pouvant servir aux développements normaux que le
droit national de la France doit atteindre pour arriver
à son couronnement.

§§ II

La personnalité morale de Paris est incompatible avec l'existence d'un
droit national borné à la souveraineté purement territoriale. —
Examen historique des divers systèmes tentés pour donner à Paris
sa représentation administrative et politique régulière. — Vices de
tous ces systèmes qui violent le principe essentiel de l'unité de la
représentation territoriale et de la représentation légale de Paris. —

Le respect de ce principe essentiel n'est possible pour Paris, qu'en assimilant Paris, non aux communes ou aux départements, mais aux Provinces.

Paris constitue bien au centre de la France, une personnalité morale particulière, qui, depuis 1789, a joué toujours un rôle spécial et prépondérant, dans l'histoire du pays. Paris s'est formé lentement, comme toutes les organisations vivaces et puissantes ; c'était la cité d'abord, puis il s'est étendu progressivement sur les deux rives de son fleuve ; la Religion lui a donné son centre dans Notre-Dame; la Royauté, ses premières enceintes territoriales toujours insuffisantes, et dont les traces se retrouvent encore sous l'amoncellement de ses maisons et de ses monuments ; la Royauté, par la centralisation administrative dont elle a dessiné les débuts, a commencé d'y attirer, au détriment de la province, toutes les forces vives du pays ; la Révolution, par l'absorption en ce point unique, de toute activité politique, l'Empire, par la tension demesurée de la centralisation administrative, la Monarchie de 1830 par les fortifications, qui ont fait de la ville, une place militaire de premier ordre, le second Empire par l'annexion de la banlieue, et les embellissements rapides qu'il y a réalisés ; les progrès généraux du pays, les lettres, l'industrie, les arts, le commerce, le luxe, tout en un mot, le bien comme le mal, a concouru à faire de Paris le centre d'une agglomération exceptionnellement puissante ; Paris est la représentation idéale de toutes les supériorités françaises ; c'est Paris qui depuis que la France a perdu son premier centre de gravité avec la vieille royauté, a été le centre incontesté de l'unité nécessaire du pays, c'est Paris, qui, depuis 1789, a eu le sentiment le plus indomptable du droit du pays à l'égard de tous les gouvernements, c'est dans Paris seul que s'épanouissent la langue, la littérature, les arts, les industries du luxe ; c'est là seulement que les qualités distinctives de la race française, je veux dire la liberté absolue de la pensée, et le respect absolu de l'esprit, la netteté, l'élégance, la grâce, la mesure, la finesse ironique en même temps que bienveillante, qui préserve de toutes les exubérances, le culte de la supériorité idéale, quelle qu'elle soit et d'où qu'elle vienne, trouvent l'atmosphère et le milieu nécessaires à leurs manifestations : Paris en un mot, est la création et comme la synthèse de toutes les activités morales, intellectuelles et matérielles, qui se sont successivement révélées en France, pour faire de notre pays, malgré ses erreurs et ses fautes, le foyer par excellence du progrès humain. Paris a cette physionomie particulière, que c'est la ville la plus cosmopolite du monde, et que c'est, en même temps, la plus nationale ; à cause de ce double caractère, Paris a cette faculté, qui lui est propre, d'être comme un immense laboratoire, d'où émerge avec une rapidité prodigieuse, un type humain supérieur, dans lequel se fondent tous les types nationaux. L'Etranger comme le Français qui y habitent, perdent au bout d'un temps très court, leur physionomie propre et territoriale, pour prendre le cachet spécial de la Ville ; pour ses habitants, Paris devient ce qu'était Rome pour les Romains ; le seul lieu du monde où l'on sente en soi l'épanouissement complet des facultés humaines, parce que, là seulement, on se sent vraiment homme, en restant néanmoins de sa ville et de son pays.

Cette supériorité morale incontestable qu'a Paris sur le reste de la France, a naturellement été l'origine du rôle politique spécial qu'il a joué dans l'histoire du passé. Mais ce rôle spécial, qui a souvent été une usurpation sur le droit général du pays, a eu, pour Paris même, des conséquences, inexplicables pour ceux qui n'envisagent que la surface des choses, pleines d'enseignements pour ceux qui cherchent l'enchaînement providentiel des causes et des effets. Paris qui est la personnalité urbaine la plus éclatante de la France, Paris qui est une unité territoriale, une unité morale incontestable, n'a pas encore de personnification légale, et dans l'organisation générale de la France, il ne paraît pas possible aux pouvoirs publics, qui ont eu trop souvent à souffrir de l'action anormale de la personnalité de Paris, de lui donner sa vraie représentation.

Paris est resté en effet depuis 1789 comme personnalité civile et administrative en dehors du droit commun du pays. Sous tous les régimes, il a été l'objet d'une législation spéciale, plus draconienne que celle appliquée aux autres communes, et dont tous les documents ont pour caractère commun la défiance systématique contre la personnalité propre de Paris.

Les documents législatifs relatifs à l'organisation parisienne peuvent se résumer en deux grandes séries : 1° ceux qui admettent le principe de l'unité de la représentation légale et morale de Paris, et de sa représentation territoriale, les deux unités se confondent dans le même corps, comme la Souveraineté Nationale s'incorpore dans les limites du territoire national ; 2° ceux qui admettent la nécessité, par raison d'état, de la distinction entre la représentation légale et morale de la Ville, et son unité territoriale, et qui rattachent étroitement et directement la Ville, en lui ôtant sa personnalité morale propre, à la haute personnalité de l'Etat.

La loi du 21 Mai 27 Juin 1790, essayant d'appliquer à Paris le principe simple de la territorialité inscrit dans la loi communale et départementale du 14 Décembre 1789, est le premier, et on peut le dire, le seul document régulier de la première de ces séries. On sait quelle a été l'économie de cette loi : l'unité morale de Paris correspondant comme celle des autres communes à son unité territoriale, représentée par un Maire et par un Conseil élus par des sections ; ces sections formées elles-mêmes sur la base territoriale de la simple habitation des citoyens actifs domiciliés dans un même quartier de la ville ; tous les citoyens actifs, considérés comme des sous-unités infinitésimales mathématiquement égales, envisagés à raison de leur domicile seul, sans égard à leurs aptitudes spéciales ou à leurs qualités professionnelles, telle fut la conception simple de l'Assemblée constituante pour l'organisation de Paris. Il était difficile, à ce moment, que le législateur s'élevât à une conception supérieure. On était sous l'empire de l'idée antique que la puissance collective, quelle qu'elle fût, ne pouvait être que territoriale, on ne cherchait pas d'autre base que le territoire pour l'organisation des personnalités nouvelles, communes et départements, que l'on constituait ; la loi du 21 Mai était donc l'application logique pour Paris, application instinctive et incomplète, du principe vrai de l'unité morale et de l'unité territoriale de Paris.

On sait quelle a été l'impuissance et l'avortement de cette première tentative d'organisation parisienne. Il n'est pas besoin de rappeler ici les désordres administratifs et politiques, qui ont marqué l'histoire de Paris pendant la durée éphémère de ses premières administrations ; les passions déchainées des sections ont mis fin à la première municipalité légale parisienne ; le 10 Août 1792, la 1re commune de Paris s'y est révolutionnairement substituée.

La commune révolutionnaire inaugurée du 10 Août 1792 au 14 Fructidor an II, et la 2me commune du 18 Mars au 24 Mai 1871 ont été des applications brutales et ineptes du principe que la législation de 1789 avait inutilement essayer de réaliser.

Fallait-il, à la suite de la tentative avortée de 1789, à la suite de l'élucubration révolutionnaire de 1792, arriver à conclure à l'impossibilité pratique d'appliquer à Paris le principe de l'unité de sa personnalité territoriale et de sa personnalité morale ? Ou bien, fallait-il simplement reconnaitre qu'essayer d'unifier la représentation morale de Paris avec son unité territoriale sur la base matérielle et simple de subdivisions territoriales plus ou moins arbitraires, et sur le fait matériel du domicile individuel, c'était à la fois une chimère et un danger ? L'enseignement à tirer de l'expérience de 1789, et des atrocités de 1792 et de 1871, est évidemment l'insuffisance d'une base purement territoriale pour l'organisation parisienne ; mais il ne saurait aller jusqu'à l'oubli du principe incontestable de toutes les organisations humaines, que toute personnalité territoriale ou matérielle doit avoir sa personnalité morale symétrique, et que les deux personnalités doivent avoir une seule et indivisible représentation légale.

Les partis politiques restés imbus des traditions simplistes de la Révolution Française s'obstinent dans la dangereuse erreur, qui a engendré les deux communes, et persistent à revendiquer pour Paris, sur la base simple du domicile matériel et individuel, un conseil municipal autonome et une mairie centrale. Là ne saurait être l'avenir. Mais tant que l'idée juste qui est au fond des revendications parisiennes, c'est-à-dire la nécessité d'unir dans un corps représentatif unique et indivisible, la personnalité territoriale et la personnalité morale de Paris n'aura pas reçu satisfaction, les revendications seront incessantes, et à défaut de satisfaction régulière, elles auront toujours la tentation redoutable de s'imposer par des moyens violents.

La seconde série de ces documents, écartant pour
l'organisation parisienne le principe de l'unité territoriale
et de l'unité morale de la ville, s'est bornée à poser
instinctivement le principe contraire de la nécessité de
cette division. Refusant de donner à Paris une représentation légale unitaire, concordant avec son territoire, elle
a, tout à la fois, tracé dans le territoire des subdivisions
plus ou moins arbitraires, et elle a rattaché les représentations morales de ces tranches territoriales à l'omnipotence directe de l'Etat.

La Convention avait été trop souvent forcée de subir,
de la part des sections de Paris, et de la commune
révolutionnaire, des pressions dominatrices fatales et hon-
teuses pour l'Etat. Par l'effet simple de la loi des contrastes,
elle posa dans la loi du 14 Fructidor an II, le principe
de la nécessité, pour la sécurité et la liberté de l'Etat,
de la division de l'administration parisienne en deux
bureaux, jouissant chacun, sous la surveillance de l'Etat,
de son autonomie séparée ; le premier, relatif à l'administration et à la police municipale, le second, relatif à
l'assiette et à la répartition des impôts ; et tôt après,
dans la Constitution du 5 Fructidor an III, et dans la loi
du 19 Vendémiaire, allant encore dans la voie de la
division au delà du décret du 14 Fructidor, elle institua
dans la ville douze municipalités entièrement distinctes,
à côté desquelles, toutefois, à cause de l'indivisibilité
évidente et de l'importance de ce service, elle créa un
bureau unique pour la police et les subsistances de Paris.

La Constitution de l'an VIII, appliqua à Paris d'une
manière plus nette et plus absolue, le principe de division
inauguré par la Convention, et elle combina ce principe
avec celui du gouvernement personnel de l'Etat. Les
habitants du territoire de Paris perdirent, comme les
autres habitants du territoire Français le droit d'élection

de leurs représentants administratifs. L'administration devint, à tous les degrés, une simple délégation de l'Etat. Pour Paris, son administration toute entière fut mise entre les mains d'un préfet de la Seine, ayant sous son autorité douze maires et leurs adjoints., dépendant absolument, comme lui, de l'Etat ; le bureau central de police et des subsistances organisé par la Convention, fut remplacé par un préfet de police, directement placé, comme le préfet de la Seine, entre les mains de l'Etat.

Cette organisation puissante, qui ôtait à Paris toute personnalité morale, en conférant à l'Etat, non plus seulement le contrôle, mais la direction absolue et immédiate de tous les services territoriaux de la ville, a donné l'ordre matériel à Paris.

Elle est restée avec des modifications de détail plus ou moins considérables, la base de toutes les organisations de la ville jusqu'à nos jours.

Le gouvernement de la Restauration n'y fit aucun changement ; celui de 1830 maintint le principe de la division administrative en douze mairies distinctes, avec le préfet de la Seine représentant l'Etat pour l'administration, et un second Préfet, représentant toujours l'Etat pour la police. Seulement, voulant donner une satisfaction apparente aux revendications libérales, il créa, à coté du préfet de la Seine, une commission municipale, nommée par le corps électoral ; mais le Gouvernement de 1848, moins libéral pour Paris que celui de 1830, après avoir un moment exhumé du vocabulaire révolutionnaire, le titre de maire de Paris pour désigner le Préfet de la Seine, supprima même ce titre et l'apparence de contrôle que pouvait avoir la commission municipale de 1830 ; il revint simplement, par le décret du 3 juillet 1848 à la législation de l'an VIII et au régime de la personnification parisienne absorbée par l'Etat. Le second Empire a conservé plus strictement qu'aucun régime Paris dans la main omnipotente et sans contrôle de l'Etat. La troisième République a bien donné à Paris, un conseil municipal élu, analogue en apparence à celui des autres communes ; mais elle a maintenu strictement la direction de tous les services d'administration et de police de la ville entre les mains des préfets et de l'Etat ; elle est restée par conséquent fidèle à l'idée de l'impossibilité gouvernementale, d'identifier et de représenter par un même corps l'unité territoriale et l'unité morale de Paris.

Tous les documents de cette seconde série, assimilent Paris, non plus comme ceux de la première, à une commune, mais à une sorte de département, pour lequel il a toujours fallu recourir à des lois spéciales.

Cette assimilation est-elle plus juste que la première ? est-elle plus conforme à la réalité des faits ? les lois de la seconde série sont-elles plus d'accord que celles de la première avec cette force impérieuse, quoique muette, des choses, qui se joue des lois, et en montre les faiblesses par l'impuissance de leurs résultats ?

Il suffit de se rendre compte de ce qu'est Paris, pour être convaincu que les lois spéciales, faites pour lui, à quelque principe qu'elles se soient rattachées, étaient d'avance frappées d'impuissance, parce qu'elles étaient en dehors de la réalité des choses, soit, comme celles de la seconde série, en blessant un principe essentiel et absolu de toute organisation territoriale : l'unité légale concordant avec l'unité territoriale ; soit, comme celles de la première, en donnant une base fausse et incomplète à cette unité qu'elles voulaient appliquer.

La loi du 14 Décembre 1789 qui créait les communes et les départements comme bases du droit administratif de la France, empruntant au droit souverain du pays, l'élément essentiel de la territorialité qui le caractérise, répondait, au moins pour les communes, à d'anciennes traditions, et à des habitudes respectées. Les communes en effet, sont bien en France, depuis plusieurs siècles, sinon des personnalités civiles, au moins des personnalités morales symétriques à leurs limites territoriales. Elles ont toutes, ce qui forme l'unité morale parmi les hommes : une origine, un centre, une langue, des souvenirs, une loi, des intérêts communs. Ce qui domine, dans ces intérêts primitifs, ce sont bien certains intérêts matériels, et en premier lieu, les voies de communication entre les habitants. Les autres intérêts communs ne viennent qu'en seconde ligne. Aussi était-il légitime de prendre ces intérêts matériels pour base du droit communal nouveau qu'on voulait constituer. Il était même logique de se contenter de cette base territoriale, pour le droit communal. Puisque la seule considération du territoire avait été suffisante pour servir de germe à la Souveraineté de l'Etat, elle l'était, à plus forte raison, pour l'autonomie des communes. Aussi le droit communal de la France, en se développant sur cette base simple, mais vraie, du territoire, a-t-il pu se compléter lentement dans la logique du principe de 1789, et il est devenu ce qu'il est aujourd'hui. Il en résulte, conformément au principe de l'unité de la souveraineté territoriale et de la représentation légale de l'Etat, que l'unité territoriale de la commune a pour condition et pour conséquence, l'unité de sa représentation légale. Cette unité a été la conquête lente de toutes nos lois municipales depuis 1789, la loi qui vient de reconnaître à toutes les communes le droit de nommer leur maire, a été le dernier échelon franchi, quant au personnel, dans le sens logique du principe d'autonomie, qui doit assurer au pays l'expansion complète de la vie de ces municipalités. Il reste bien encore quelques entraves administratives à rompre,

quelques recoins à éclairer où des traces de l'autocratie
étouffante du pouvoir central sont encore oubliées ; la
centralisation administrative substitue bien encore, dans
certains cas, quand les administrations locales sont faibles,
ignorantes ou dirigées par des coteries, serviles au dehors
pour dominer au-dedans, la volonté directe de l'Etat, à
l'esprit et à la volonté de commune ; mais aujourd'hui, il
est certain, que les communes françaises peuvent, si elles
le veulent, vivre de leur vie propre, et qu'elles sont
aptes à entrer, comme des personnalités complètes, dans
l'ordre politique où le développement normal des principes
de 1789 leur donne un rôle à jouer.

Mais s'il y a identité entre la personnalité territoriale
des communes de France, et leur personnalité morale et
légale, si la même identité existe, avec plus d'entraves,
pour les départements, si, en province, la dominance des
intérêts territoriaux et matériels, a rendu facile cette iden-
tification légale, à Paris, la même situation simple n'existe
pas. Ne tenir compte pour Paris que de l'unité territoriale,
et du domicile des habitants, c'est se tromper étrangement.
Il n'existe point à Paris d'intérêts territoriaux, spécialement communs aux quartiers et aux sections de la ville ;
il ne s'y trouve point d'intérêts analogues, par leur peti-
tesse, aux intérêts territoriaux, qui s'agitent et se passionnent
dans le sein d'une commune ou d'un département, le grand
intérêt territorial de la circulation est commun à toute
la ville. Au-dessous du groupe unitaire et territorialement
indivisible de l'agglomération parisienne, il n'est pas possible
de tracer dans la ville des sous-divisions territoriales,
ayant des intérêts homogènes distincts, des souvenirs
communs, des traditions communes ; les législations qui
ont voulu tracer dans Paris des divisions de cette nature,
ont pu constituer des divisions géographiques, plus ou
moins arbitraires, mais elles n'ont pu créer à Paris, rien

d'analogue à une commune, ni même à un département.

C'est qu'en effet, si Paris est, par son étendue territoriale, équivalent à de simples communes, moralement il est évident qu'il est plus qu'une commune, il es même plus qu'un département ; en réalité, c'est une province ; et au point de vue des intérêts matériels et territoriaux, l'assimilation de Paris à une commune ou à un département est une utopie contre laquelle les faits ne cessent de protester. Pour l'administration matérielle des intérêts d'ordre purement territorial, qui se touchent et s'entrecroisent sur ce territoire restreint, il ne suffit pas de cette capacité primaire suffisante dans les communes, de cette capacité un peu plus haute suffisante pour un département ; il faut une valeur vraiment supérieure à laquelle une hiérarchie administrative de plusieurs degrés peut seule donner naissance ; il faut une organisation et un esprit de suite qu'une puissante hiérarchie seule comporte. Ce qu'une administration communale, presque directe a été impuissante à faire à Paris en 1789, ce que des administrations départementales n'ont guère mieux réalisé depuis la Convention jusqu'à nos jours, serait facile pour une administration provinciale, résultant de plusieurs degrés d'initiative et d'élection, et ayant la force et la stabilité que des corps d'ordre supérieur ont toujours. Avec une administration provinciale, produit de suffrages à plusieurs degrés, qui s'épurent et se généralisent, à mesure qu'ils s'élèvent, Paris peut arriver à faire appliquer pour lui le principe d'autonomie, qui est l'objet des revendications de ses représentants les plus avancés ; et l'État pourrait rentrer dans le rôle qui est le sien, celui du contrôle, sans s'ingérer, comme aujourd'hui, dans une action directe, qui étouffe la ville, tout en étant incapable, aux moments de crise, d'en empêcher les explosions.

Le défaut de concordance entre l'unité territoriale et

l'unité morale de la ville, a été la véritable cause de l'action anormale et exubérante que Paris a exercée sur l'histoire générale du pays, en même temps que cette action anormale a prouvé, à toutes les époques et sous tous les régimes, l'impuissance de l'Etat à contenir Paris mal constitué.

Pour Paris, l'équilibre relativement au reste de la France ne peut résulter que de la constitution de personnalités morales, égales ou équivalentes à la sienne, et avec lesquelles Paris soit politiquement forcé de compter; non pas seulement en vertu de la loi générale, qui le subordonne à l'Etat, (les Révolutions prouvent que les lois ne sont efficaces que quand elles sont d'accord avec les mœurs et avec la réalité des faits,) mais parce que l'importance équivalente de ces personnalités morales obligera Paris à reconnaître l'existence de droits égaux aux siens. Et c'est ici qu'apparait le caractère complexe et contradictoire, bien que toujours un, de l'histoire de la France : Paris, qui a été la ville centralisatrice par excellence, et dont l'action personnelle a particulièrement contribué, pour la création définitive de l'unité française, à la destruction absolue de toutes les anciennes autonomies de la France, Paris ne parait pouvoir jouir de son autonomie propre, et constituer sa personnalité morale, qu'en empruntant à la province le type provincial dont la première épreuve a disparu. Et les provinces, à leur tour, qui, malgré la législation de 1789, sont restées des personnalités aussi vivaces que les communes, bien plus vivaces que les départements, qui ont retrouvé dans la constitution des ressorts des cours judiciaires, dans l'organisation par régions des Académies, des facultés, des commandements militaires, dans les articles 89 et suivants de la loi du 10 Août 1871, les germes toujours actifs de leur ancienne vitalité, pourront refaire à l'exemple de Paris leurs personnalités, basées sur le territoire, la tradition et la race, sans rien faire revivre des abus des anciens régimes, en se préoccupant uniquement des besoins administratifs et moraux que le progrès moderne a réalisés en elles ; la reconstitution de leur autonomie féconde sera le contrepoids efficace de l'autonomie et de la personnalité complète de Paris.

On ne manquera pas de dire que l'établissement de l'autonomie parisienne, acheté au prix du rétablissement des personnalités provinciales, serait un bien trop coûteux pour la France, parce qu'il serait la rupture de son unité.

Si l'unité de la France n'était possible qu'à la condition de conserver, avec la centralisation que les systèmes monarchiques nous ont léguée, la domination abusive que Paris, depuis 1789, a exercée sur les destinées du pays, le patriotisme commanderait de s'incliner, et l'on pourrait, dans l'intérêt supérieur de la vie nationale, subir en gémissant, comme les Romains de l'époque impériale, tous les inconvénients des organisations absorbantes que les anciens régimes ont laissées derrière eux. Mais l'unité de la France a son principe et sa sauvegarde ailleurs que dans des régimes monarchiques ou dans les combinaisons d'une république unitaire. L'unité, parfaitement indestructible, de la France, tient à ce que, grâce à son génie complexe, le pays est capable de s'élever d'un degré dans l'échelle des organisations collectives, et qu'il est devenu apte, grâce à ses douloureuses épreuves, à combiner en lui les deux types d'ordre territorial qui jusqu'à présent ont été appliqués séparément dans les nations civilisées. Le type national pur a fait les civilisations dominatrices de Rome, de la France au moyen-âge, sous Louis XIV, et dans les temps modernes, de l'Espagne sous Charles-Quint, et de l'Angleterre sous ses diverses dynasties ; le type fédéral a fait les civilisations plus précaires, mais moins absorbantes des Celtes-Gaulois, des Grecs, des Etats Germaniques, et des Etats-Unis d'Amérique. Grâce à Paris, la France peut aujourd'hui réunir les avantages de ces deux types d'ordre, en en évitant les dangers. Paris est le centre indiscutable d'attraction qui a manqué à la Gaule, puis à la Grèce, qui n'existe qu'incomplètement pour l'Amérique du nord, et que l'Allemagne fédérale, si longtemps tiraillée entre l'Autriche et la Prusse, n'a pu se donner qu'en subissant le joug de cette dernière puissance ; et grâce à la création de centres provinciaux dont Paris sera à la fois le modèle et l'image, le pays tout entier reprendra cette vitalité brillante, cette souplesse, cette tonalité de terroir, qui manquent aux organisations purement unitaires, ou du moins ne réussissent à s'y faire jour, qu'au prix de luttes trop inégales contre l'alignement monotone d'une excessive réglementation.

§§ III

Paris, dans l'unité de son cadre territorial, ne peut avoir sa représentation morale complète, qu'à la condition de faire entrer dans le corps électoral les corps organisés, reconnus par la loi, qui peuvent s'y constituer, grâce à la liberté de l'association. — Principe de l'accession des forces sociales collectives à la vie politique dans le cadre territorial auquel elles se rattachent.

Mais s'il paraît naturel, à raison de l'importance des intérêts matériels accumulés à Paris, d'assimiler Paris, pour son organisation propre. administrative et politique, comme il l'est déjà pour son organisation religieuse, scientifique, judiciaire, militaire, aux anciennes provinces, il faut reconnaitre que la législation ne donne à Paris que d'une manière très imparfaite, les degrés inférieurs d'organisation territoriale, à l'aide desquels, il est aujourd'hui possible de créer dans les anciennes provinces divisées en départements et en communes, des collèges électoraux, ou pour mieux dire, des corps électoraux méthodiquement organisés.

La législation électorale a toutefois donné à Paris, comme aux départements, un cadre électoral territorial unique, où un vrai corps électoral fonctionne pour les élections des Sénateurs. Dans ce cadre, qui est insuffisant, dans sa simplicité actuelle, parce qu'il ne donne place surtout à Paris, qu'à la loi du nombre, il est facile de faire entrer, au même titre que les délégués sénatoriaux actuels, les délégués des associations parisiennes, assez solides pour former des personnalités civiles, et reconnues par une loi dignes de jouir du droit de délégation.

Malgré la législation draconnienne de la Révolution et de tous les régimes qui l'ont suivie, contre les corporations et les sociétés de toute nature, Paris est resté le centre et le foyer de l'esprit d'association ; Paris a profité, mieux que tous les autres groupes Français des tolérances ou des facilités que les législations défiantes et timides de tous les régimes ont successivement accordées. Aujourd'hui, Paris est rempli de sociétés civiles, commerciales, financières, littéraires, artistiques, patronales, ouvrières, par lesquelles se maintient et se développe sans cesse le génie propre et complexe de la Ville. Les corporations, qui ont disparu à la Révolution, et qui devaient disparaitre sous la forme surannée que la féodalité leur avait imprimée, y revivent aujourd'hui à l'air libre, sous la forme nouvelle de sociétés de toutes sortes, de groupes professionnels, de syndicats d'ouvriers et de patrons. Qu'il y ait des dangers dans l'action collective des groupes professionnels simples, dont la puissance se manifeste dans les grèves ouvrières, cela est incontestable ; il en est nécessairement ainsi pour toutes les forces abandonnées à leur développement instinctif ; mais n'est-ce pas à l'insuffisance de la législation qu'il faut s'en prendre des dangers de cette puissance mal réglée, et n'est-ce pas parce qu'elle ne trouve pas son complet et légitime emploi, que l'association moderne effraie les pusillanimes gouvernements qui ne savent point l'utiliser ? ce sont ces personnalités nouvelles, volontairement constituées par l'initiative individuelle, groupes homogènes vivant de leur vie propre, et qui donnent à Paris sa puissance d'action, sa force d'expansion, et sa faculté de rayonnement sur le monde, qui peuvent, en recevant de la loi, suivant leur importance respective, le droit de délégation politique, compléter pour la création d'un corps électoral méthodique, les délégations simplement territoriales que la Ville nomme aujourd'hui. De même qu'en province, l'étude de l'histoire depuis 1789 m'a conduit à dire que l'électeur politique n'est pas l'individu, mais la commune, dont les délégués, réunis dans le cadre territorial du département, forment un corps électoral véritablement organisé, de même à Paris, l'électeur politique n'est pas l'électeur simple, mais le groupe, et le corps électoral doit être la résultante de la réunion dans le cadre général de la Ville, des délégations des subdivisions territoriales, tracées par la législation actuelle, et des délégations des groupes professionnels reconnus par la loi. Ce corps électoral, qui servirait de type aux autres corps similaires de la France, serait ainsi le produit de deux forces et de deux éléments contradictoires, mais combinés dans un cadre territorial, qui maintiendrait leur unité ; par les délégués des subdivisions territoriales, il représenterait le nombre et la masse inerte des intérêts embryonnaires restés incapables de se grouper ; par les délégués des groupes constitués et légalement reconnus, il représenterait les intérêts moraux et matériels, anciens et nouveaux, assez respectables et assez nombreux pour s'être régulièrement organisés. Il ne peut pas entrer dans le cadre de cette étude sommaire et toute de principe, d'essayer d'indiquer les détails d'organisation de la représentation des groupes professionnels de Paris, servant de base complémentaire à la constitution d'un corps électoral politique, symétrique à l'unité territoriale incontestable de Paris. Dans l'état actuel de la législation rudimentaire qui régit les associations, cela serait prématuré. Il suffit d'ailleurs d'avoir indiqué, que l'application du droit de délégation électorale, qui est un principe progressif d'une grande portée inscrit dans les lois de 1875, est susceptible, dès à présent, pour Paris et pour la France, d'une extension, qui peut être pour l'avenir un puissant élément d'ordre. J'ai essayé de bien mettre en évidence les insuffisances et les lacunes de notre législation politique, de rechercher si cette législation que je considère comme embryonnaire, ne renferme pas en elle, le germe de sa rénovation et de ses légitimes développements. Aller au-delà de simples déductions historiques, ce serait dépasser le but que je me suis proposé.

L'association est, dans les sociétés modernes, une force, dont rien, sous les anciens régimes ne peut donner une idée juste, ni mesurer la puissance et l'étendue. Jusqu'aujourd'hui, elle n'a été qu'une force sociale et toute spécialiste ; mais il est évident que, de nos jours, pour certains groupes professionnels, elle prend un caractère politique, et qu'elle devient dans les grands centres de population ouvrière, un élément avec lequel l'État ne peut pas ne pas compter. Le danger politique des associations ouvrières, tient d'abord à ce que l'État qui ne peut pas les empêcher de naître, est incompétent pour leur donner de légitimes satisfactions, en second lieu, à ce que le contrepoids des associations ouvrières ne pouvant se trouver que dans des associations similaires, avec lesquelles les groupes ouvriers auraient l'obligation et l'habitude de discuter librement d'intérêts communs ou divergents, ce contrepoids n'existe pas. Aujourd'hui en effet, en dehors des associations ouvrières, dont des souffrances communes ont déterminé la création, et dont la puissance, à certains moments, est exubérante, il n'y a pas de grandes associations organisées en nombre assez considérable, ou avec assez de puissance et d'esprit de suite pour leur faire équilibre. D'ailleurs, toutes les associations quelles qu'elles soient, renfermées toujours, et par la loi et par leurs habitudes, dans leur objet spécial et dans leurs intérêts particularistes, n'ont entre elles aucun point de contact ; elles n'ont pas d'intérêts communs à débattre ; quand elles se rencontrent, c'est pour défendre avec acharnement les unes contre les autres des intérêts spéciaux contradictoires entre eux ; elles ont en un mot, tous les inconvénients de l'individualisme simple, et des personnalités égoïstes. Ne serait-ce pas faire acte de sage prévoyance, que de les obliger, à se préoccuper d'intérêts communs et généraux que leurs intérêts spéciaux et particularistes leur font aujourd'hui trop oublier ? Ne serait-ce pas surtout les intéresser au maintien d'un ordre public où leurs délégués spéciaux auraient leur représentation normale, et où ils seraient toujours sûrs d'être entendus ? Ne serait-ce pas les habituer à tout attendre de la revendication paisible par la parole et par le vote, au lieu de s'adresser comme aujourd'hui aux procédés insurrectionnels et violents ? Enfin, ne serait-ce pas rendre plus pratiques et plus complètes les études délicates, que les questions sociales présentent, que d'appeler régulièrement les intéressés eux-mêmes, méthodiquement organisés, mais contenus par d'autres organisations symétriques et équivalentes, à rechercher toujours de pacifiques solutions ?

Lorsque les associations et les groupes professionnels restent, comme aujourd'hui, exclusivement renfermés dans leur objet spécial et dans leurs intérêts particulâristes, ils sont nécessairement anarchistes et absolus. Bien mieux, ils tendent indirectement à deux excès, que le droit moderne a condamnés : la conservation des classes distinctes, et l'affiliation à des organisations internationalistes dont le caractère anarchique est un dissolvant redoutable pour toutes les nationalités.

Enfermées au contraire dans un cadre politique territorial, dont elles seraient parties intégrantes, les associations particularistes cesseraient d'être ce que l'ancien droit Français appelait des Etats dans l'Etat, et en substituant, dans les habitudes générales de la France, l'esprit de corps à l'esprit de caste, de classes et d'individualisme, elles activeraient l'application logique des principes que la Révolution de 1789 a proclamés.

L'admission du principe de l'accession des groupes, régulièrement constitués, à la vie politique, substituerait d'ailleurs, à l'horizon étroit et fermé, devant lequel la France est aujourd'hui arrêtée comme devant une impasse sans issue, un horizon plus large et indéfiniment extensible qui ne serait que le développement normal, et l'application graduelle et successive de l'évidente loi du progrès.

Le progrès politique, en effet, dans les sociétés anciennes

comme dans les modernes, a toujours consisté à intro-
duire dans l'organisation de la cité politique, et dans le
partage de la puissance publique, des catégories de plus
en plus importantes, et de plus en plus nombreuses de
forces sociales. Athènes a passé successivement de l'aristocratie fondée sur un nombre restreint de familles
patriciennes, à la démocratie basée sur l'application du
principe de l'accession de tous les hommes libres à
l'exercice de la puissance publique. Mais Athènes, comme
tous les peuples de l'ancien monde, avait la plaie de
l'esclavage, et, indépendamment de bien d'autres causes,
l'impossibilité où a été la civilisation de cette époque de
concevoir une société sans esclaves, a été pour la Grèce,
un point d'arrêt infranchissable, autour duquel cette société,
d'ailleurs si brillante, devait se briser. A Rome, tous
les progrès ont été marqués par la lutte des plébéiens,
voulant arriver au partage sur le pied d'égalité avec les
patriciens des fonctions politiques; et quand la conquête
de la vie politique a été assurée à toute la plèbe de
Rome, la marche du progrès a consisté dans l'accession
lente des nations italiques, puis des autres nations con-
quises au droit de cité des Romains. Seulement Rome
est restée, comme Athènes, entravée dans l'application
du principe de l'accession de toutes les forces sociales
au pouvoir politique, par l'existence de l'esclavage; et en
outre, elle avait tari en elle la source d'un progrès général vraiment politique, par la préoccupation constante
qu'elle a eu, sous la République comme sous l'Empire,
de ne conférer le droit de cité qu'à titre purement individuel, pour laisser à ce droit le caractère d'un privilège
chèrement acheté. Par une conséquence logique, qui est
la juste punition de la violation, consciente ou non, de
tout principe essentiel à la vie des sociétés humaines, la
méconnaissance, des droits des populations exclues du

droit de cité Romain, a entraîné pour les privilégiés de Rome eux-mêmes, la destruction de tous droits politiques, sous le despotisme de l'Empire ; et enfin, l'Empire à son tour, pour n'avoir pas su faire circuler dans le monde Romain une véritable vie politique, est arrivé, en quelques siècles, à un état de décomposition et de marasme, qui a préparé son anéantissement.

Les sociétés modernes ont suivi, comme celles de l'ancien monde, pour le développement de leur vie politique, la loi de l'accession lente des forces sociales nouvelles aux premières forces dans lesquelles la puissance politique s'est trouvée d'abord concentrée.

A travers la confusion du moyen-âge, la Souveraineté se partage d'abord d'une manière mal définie, qui donne naissance aux choes les plus étranges, entre les conquérants et l'Eglise, puis entre le Pape, les Empereurs, les Rois, les grands Feudataires, et les Seigneurs; à ces premiers représentants de la puissance publique, et à l'aide de l'antagonisme des Rois et de la féodalité, viennent s'ajouter les nombreuses variétés des cités ou des communes italiennes, flamandes, françaises, anglaises, germaniques, qui ont, avec des degrés divers et des intermittences plus ou moins grandes, inauguré pour quelques privilégiés des classes inférieures, une certaine participation au jeu des pouvoirs de l'Etat. Depuis la Révolution Française, l'accession en principe de l'universalité des Français à la vie politique, et la proclamation claire et définitive du principe, que tous les habitants du territoire national sont en droit membres du Souverain, marquent chez nous les dernières applications de la poussée incessante des forces sociales vers la vie politique. Mais le suffrage universel individualiste, qui a été la première et instinctive application simple du principe, fait en réalité dériver les décisions politiques de majorités représentant en nombre moins d'un huitième de la Nation ; et bien que l'étroitesse des limites de ce mode de suffrage soit évidente, il est non moins évident, que, si l'on ne veut pas sortir du domaine purement personnel auquel il se rattache, il n'est pas possible d'aller au-delà.

Au contraire, le principe de l'accession des groupes sociaux au droit politique, ouvre pour l'avenir, un horizon de progrès dont la limite n'est autre que celle même des progrès et des découvertes infinies de l'esprit humain. Le nombre des associations libres, qui peuvent se former dans le territoire d'une nation, est aussi illimité que les besoins et que l'activité nationale même. Aux groupes anciens, qui se perpétuent parce qu'ils répondent à des besoins toujours les mêmes, on peut adjoindre, dans le développement incessant de l'activité politique, des groupes nouveaux issus des besoins que l'avenir seul viendra révéler : en un mot, le principe de l'accession des groupes à la vie politique, se plaçant nettement, au-dehors et au-dessus du droit personnel simple, garantit tout ce que ce droit peut assurer à l'homme, et en outre, tout en restant dans la trame générale, suivant laquelle le progrès politique s'est toujours affirmé chez tous les peuples et dans tous les temps, il contient évidemment le germe d'un droit politique nouveau, plus large et plus fécond que les droits du passé.

Si le droit public de la France, tel qu'il a été inauguré jusqu'alors, arrive à se compléter de nos jours, suivant les indications générales que j'ai cru voir en elle, et que j'ai essayé de rassembler dans cette étude, la France parviendrait, la première entre les nations civilisées, à faire fonctionner en elle la double méthode, que révèle, comme moyens d'ordre dans les sociétés supérieures, le développement historique du droit purement territorial.

Dans les souverainetés territoriales simples, la méthode

de formation a été la force, la méthode de conservation la force et la loi ; dans les souverainetés fédérales, la méthode de formation a été une convention tacite ou expresse entre groupes d'États libres de même nature et de même origine, la méthode de conservation du lien fédéral a été la force et la loi. Le droit international, que les sociétés anciennes n'ont connu que sous sa forme rudimentaire de droit des gens, et qui est la conception supérieure et commune, de toutes les souverainetés territoriales modernes, a pour méthode absolue de formation, par contraste avec le droit territorial, la convention librement formée entre nationalités constituées ; il répudie la force ; il est au-dessus de la loi ; il n'a d'autre méthode de conservation que le respect réciproque des conventions librement formées.

Telle est donc l'échelle historique et philosophique du droit de souveraineté parmi les hommes : dans les sociétés théocratiques pures, la force ; dans les sociétés territoriales pures, la force et la loi ; dans celles-ci, à mesure qu'elles se perfectionnent et qu'elles s'élèvent, apparaît la convention entre groupes souverains ou quasi-souverains ; la convention, c'est-à-dire, ce que les communes du moyen-âge ont tenté d'inaugurer en elles sous le nom de la foi jurée, ce que le droit moderne appelle le respect des traités, ce qui sera, pour les sociétés de l'avenir le moyen d'ordre supérieur, tendant à compléter la loi et la force, par le respect absolu de la parole humaine échangée, entre de complexes personnalités.

Si le droit Français se complète de nos jours par la création, dans le cadre de sa Souveraineté Territoriale, de personnalités morales, constituées les unes par la loi, comme les communes, les autres par une convention libre comme les groupes professionnels reconnus par la loi, qui toutes seraient, à titre égal, les bases ou les racines des corps électoraux et politiques du pays, la double méthode indiquée par le développement du droit territorial serait obéie, et le droit politique, uniforme pour toute la France, qui s'appuierait sur le cadre territorial commun à Paris et aux autres subdivisions provinciales, serait en outre en concordance parfaite avec le principe nécessaire de l'unité de la représentation morale et de la représentation territoriale et souveraine du pays.

FIN.

Guingamp, imprimerie PIERRE LE GOFFIC. — 1883.